Comment ça va aujourd'hui ?

AMANDINE ISSAVERDENS
Sophro-analyste

HIPPOLYTE MAUREL
Interne en psychiatrie

Comment ça va aujourd'hui ?

BIENVENUE EN THÉRAPIE

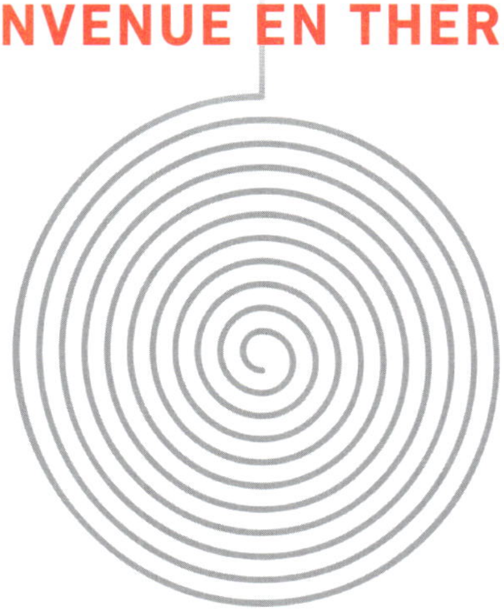

#sans filtre
des Éditions Jouvence

D'Amandine Issaverdens aux Éditions Jouvence :

Résilience : guide d'exploration de Conscience

ÉDITIONS JOUVENCE

France : BP 90107 – 74161 Saint-Julien-en-Genevois Cedex

Suisse : Route de Florissant, 97 – 1206 Genève

Site Internet : www.editions-jouvence.com

E-mail : info@editions-jouvence.com

Catalogue gratuit sur simple demande.

ISBN : 978-2-88953-564-4

Couverture : Gaëlle Merlini

Maquette intérieure : Valérian Lallement

Mise en pages : PCA/CMB

Illustration de couverture : AdobeStock, © Alextanya

Illustrations intérieures : AdobeStock, pictogrammes © amin268 © Valenty, p. 67 © ambassador806, p. 86 © Kateryna, p. 95 © JungleOutThere ; autres visuels : © Éditions Jouvence.

Sommaire

Avant-propos

C'est lors d'une soirée d'hiver, au retour d'une journée à l'hôpital bien remplie et quelque peu compliquée que j'ai eu la surprise de recevoir un message sur mon téléphone. C'était Amandine, qui me proposait un projet assez fou : celui de coécrire un livre ensemble. Avec elle, nous faisons partie de cette nouvelle génération de « collègues digitaux », de ceux qui parlent de leur métier sur les réseaux sociaux. Faire découvrir notre pratique à travers des photos, des posts, des vidéos, et des partages quotidiens. Pourtant, nous ne nous sommes jamais rencontrés, autrement que par le virtuel. C'est sur Instagram que nos chemins se sont croisés, par hasard (ou peut-être pas finalement, qui sait ?), mais j'ai tout de suite apprécié le contenu qu'Amandine proposait sur son compte @curieuseconscience. Vraisemblablement, elle a aussi été sensible à ce que je publiais sur mon compte @psyandcoffee pour me proposer un tel projet. Au gré de nos échanges, j'ai rapidement compris que nous étions sur la même longueur d'onde. Aujourd'hui, le débat fait rage : les réseaux sociaux rassemblent-ils ou bien isolent-ils davantage ? En tout cas, une chose est sûre, sans eux, ce projet n'aurait sans doute jamais vu le jour, alors je choisis volontiers la première solution.

Amandine est sophrologue et sophro-analyste, et, pour ma part, je suis interne de psychiatrie, c'est-à-dire médecin mais encore étudiant, en dixième année de médecine et donc en fin de parcours d'études médicales, à quelques mois du doctorat. Bien que nous travaillions dans le même univers, celui de la santé mentale, et que nous soyons tous deux confrontés à la souffrance psychique des patients, nos pratiques diffèrent certainement sur plusieurs points. Amandine propose des thérapies dites alternatives (ou complémentaires), tandis que je porte la casquette de médecin. Un duo improbable ? Sans doute au premier abord. Incompatible ? Aucunement. Aujourd'hui, nous avons des regards et des outils différents, parfois semblables sur des problématiques communes. Mais surtout, un point commun qui nous relie tous les deux mais aussi à vous, lecteur, est celui d'être avant tout humains. Nous faisons un travail dont la base repose sur la relation. La relation à l'autre en tant qu'individu, en tant que personne unique. Ainsi, chaque échange est exclusif, riche d'expériences. Il façonne et aide le patient, et nous impacte inévitablement nous aussi, thérapeutes. Notre sensibilité, nos failles, nos pensées, nos certitudes mais surtout nos doutes, c'est avec émotion que nous nous autorisons à vous livrer ce qu'il se passe de l'autre côté de la porte.

Car, de l'autre côté de la porte, que se passe-t-il ? Que se chuchote-t-il parfois à demi-mot ? Quelles émotions s'autorise à livrer le patient ? Comment y répond le thérapeute ? Comment teinte-t-il de sa personnalité les entretiens ? S'autorise-t-il à livrer lui-même ses ressentis à son patient ? Toutes ces questions que l'on a déjà pu se poser trouvent quelques éléments de réponse dans les pages de cet ouvrage. Au-delà des clichés qui gardent encore une place importante dans la société actuelle, nous vous proposons de découvrir l'envers du décor, au travers d'histoires de vie qui nous ont été confiées et sur lesquelles nous avons travaillé main dans la main avec les protagonistes. Il se peut que certains récits fassent écho en vous, peut-être parce que vous connaissez un proche qui a vécu ou vit la même situation, ou bien parce que, vous-même, vous vous sentez concerné. À ce titre, vous trouverez dans chaque chapitre un espace dans lequel vous pourrez déposer vos propres mots (ou maux ?), ainsi que quelques exercices pratiques vous permettant de vous questionner.

Pour terminer, deux petites mises en garde. Premièrement, afin de conserver l'anonymat des personnes que nous avons rencontrées et préserver le secret professionnel, certains éléments des histoires ainsi que les prénoms ont été modifiés. Deuxièmement, ce livre, bien qu'il puisse être considéré comme un espace de découverte et d'introspection, ne peut à lui seul être la réponse aux questions que vous vous posez sur vos propres difficultés ou votre souffrance. Dans ce contexte, je tiens à vous préciser qu'un avis auprès d'un professionnel de santé peut et doit être sollicité si besoin, afin d'évaluer plus en profondeur la problématique. J'ajoute également que chaque souffrance, quelle qu'elle soit, est légitime d'être explorée. Au placard les pensées du type « Ma souffrance n'est rien comparée à celle des autres » ! Je rassure systématiquement mes patients : la souffrance ne peut pas se comparer entre les individus, car chaque personne est unique.

Ce livre s'adresse aux lecteurs qui souhaitent découvrir ce qu'il se passe lors de consultations en santé mentale. Certaines histoires peuvent être plus compliquées que d'autres, certains exercices peuvent réveiller des choses en vous ; ainsi, il n'y a aucune obligation à les réaliser si vous pensez que cela peut être difficile pour vous. L'important, c'est vous ! Enfin, j'espère que la lecture de cet ouvrage permettra au grand public de modifier le regard sur la santé mentale et de déstigmatiser tous les termes qui commencent par le préfixe « psy »…

Je vous invite à présent à vous faire couler un bon café chaud ou toute autre boisson réconfortante. Installez-vous confortablement, blotti dans deux ou trois coussins, un plaid sur les genoux. Il ne me reste plus qu'à vous souhaiter une douce lecture !

Hippolyte

Introduction

Comment ça va aujourd'hui ? Que répondriez-vous à cette question banale, que vous entendez certes tous les jours mais qui n'en est pas moins profonde pour autant ? Sérieusement, comment allez-vous, *vraiment* ? Nous ne nous contenterons pas d'un petit « Ça va, ça va ! » comme réponse, ça c'est certain. Pas dans ce livre. Ici, nous allons parler à cœur ouvert, autant vous que nous.

Nous, c'est Hippolyte et Amandine ! Cette question, « Comment ça va aujourd'hui ? », nous la posons chaque jour dans nos consultations respectives pour ouvrir le lien thérapeutique et, croyez-nous, la réponse, nous allons la creuser. Encore et encore. Par exemple, ce début de consultation avec Justine :

– Bonjour Justine, comment ça va aujourd'hui ?

– Ça va, ça va, merci, et vous ?

– Je vais bien, mais on n'est pas là pour parler de moi ! Du coup, comment allez-vous ?

– Oh, mon fils est malade, mon patron me prend la tête et mon collègue de boulot est toujours aussi exécrable.

– Ah ! et du coup, comment ça va ?

– Ben… je me sens énervée ! J'aimerais être détendue, mais je sens que je bouillonne et que ma colère est prête à exploser à tout moment.

– Super ça ! Vous passez vous-même d'un « *ça va* » à un « je me sens en colère », c'est très bien ! On travaille sur cette colère ?

Ah, je vous l'ai dit ! Nous n'allons pas nous arrêter à la frontière nord-coréenne du « Ça va, et toi ? » ! Nous ne sommes pas venus pour faire semblant ici. Nous allons vous partager de l'authentique et nous espérons que, vous aussi, vous vous livrerez à cœur ouvert à nos côtés. Attention : début de consultation, vous avez une heure !

C'est avec cette idée-là que ce livre est né : cette envie de vous montrer l'envers du décor. De vous faire découvrir ce qui se cache derrière la blouse du professionnel et de vous offrir l'occasion d'entrevoir ce qui se passe aussi en vous ! Nous allons ici vous partager les réponses, les réflexions, les émotions qui partent de cette simple mais ô-combien-importante-question. Et puis, nous, psychiatre, analyste, sophrologue, psychothérapeute, comment allons-nous ?

Des psychiatres, j'en avais croisé dans ma vie, mais Hippolyte, il n'en avait que la blouse. J'avais cette image négative pleine de préjugés sur les psys et Hippolyte est venu les balayer un à un. Un psychiatre bientôt diplômé qui parlait de méditation, de pleine conscience et de développement personnel, c'était aux antipodes de ce que j'avais connu par le passé. Le seul qui m'avait accompagnée par ses ouvrages et ses formations, c'était Christophe André, le psychiatre qui révélait à mes yeux tout autre chose de la psychiatrie. Finalement, je peux dire qu'Hippolyte, c'est mon Christophe André à moi ! C'est le psychiatre que j'aurais adoré consulter lorsque j'avais 20 ans, et comme j'aime faire des pieds de nez à la vie, je trouvais intéressant de coécrire cet ouvrage avec lui.

Comme moi, vous vous demandez ce qui se cache derrière la blouse ? Vous croyez qu'un être humain gît sous ce tissu blanc ou vous pensez qu'un cyborg, dépourvu d'émotions et de compassion, l'a remplacé ? Non, parce que, soyons claire, parfois j'ai eu l'impression de rencontrer ces médecins en manque d'empathie, l'air mutique, prescripteurs fous de pilules, qui ne demandaient pas grand-chose à part « Comment ça va en ce moment ? », ne sachant pas s'ils écoutaient vraiment la réponse. Vous voyez de quoi je parle, vous qui avez déjà consulté ? Ou justement, ce que je vous décris là vient nourrir vos propres préjugés sur la psychiatrie ?

En réalité, je n'ai pas envie de dépeindre un tableau noir sur les psychiatres. Je crois qu'ils font avec leurs bagages, leurs apprentissages, leurs formations et leurs postures, différents pour chacun d'entre eux. Il serait mal venu de tous les mettre dans le même sac. Mais les préjugés de la jeune femme de 20 ans en moi étaient encore là et j'avais envie de creuser. Alors, j'ai demandé à Hippolyte : « Comment tu fais ? Comment tu fais pour trouver le juste milieu entre la compassion et la prescription ? Entre les "Vous pouvez vous reposer chez vous" et les "Vous devez être hospitalisé" ? Comment tu fais pour garder ta posture de médecin et ton humanité d'être humain ? Ta sensibilité, je la ressens. Tu fais comment, dans tes consultations, avec elle ? Tu crois qu'on a le droit de montrer l'être humain vulnérable derrière le thérapeute ? »

Oui, je crois que nous pouvons, et c'est pour cela que ce livre a pris vie. Pour vous ouvrir les portes de nos cabinets afin de vous donner une idée de ce qu'il s'y passe… et de vous proposer de vivre aujourd'hui une expérience originale : vous sentir vous-même en thérapie et, au fil des rencontres et des consultations, travailler sur vous à nos côtés. Pas seulement aux côtés du psy ou de la thérapeute, mais aussi de l'être humain qui anime chacun d'entre nous. Parce que derrière ceux qui vous ouvrent la porte de leur cabinet ou de leur salle de consultation à l'hôpital se trouve un être humain, et c'est dans nos têtes que vous allez pouvoir vivre durant la lecture de ce livre. Sans fioritures, en toute sincérité et sensibilité.

Oui, nous pouvons être thérapeutes et sensibles. Oui, la compassion peut s'associer à la blouse du psychiatre. Oui, les médecines alternatives comme la sophrologie et toutes les approches psychocorporelles peuvent largement s'entrecroiser et se compléter avec notre médecine occidentale ; le but étant d'atteindre un équilibre entre tout ce qui vit en nous : notre corps, notre esprit, nos pensées, notre mental, nos émotions, notre conscience…

Amandine

En pratique

Tout au long de ce livre, vous allez parcourir différentes histoires puis des propositions d'exercice. Le regard du psy s'invitera dans chacun des récits, et votre propre regard également : votre regard sur vous-même, pour des bilans introspectifs, mais aussi sur nos situations, notre vécu, nos casquettes. Vous pourrez à votre tour jouer les thérapeutes !

Ainsi, pour nous différencier, vous retrouverez les histoires et exercices d'Hippolyte sous ce pictogramme :  ; et les récits d'Amandine seront précédés de celui-ci : . D'un côté, vous serez donc à l'hôpital avec votre psychiatre Hippolyte. De l'autre, vous serez en consultation avec votre sophro-analyste Amandine, à son cabinet.

Entre ces récits, nous vous proposons des « pauses-café », à l'insta de petits exercices de développement personnel, d'introspection, de méditation, de pleine conscience, de « jeux » thérapeutiques qui vous permettront de cheminer en vous-même, comme nous le proposons souvent à nos patients. Prenez le temps d'une pause-café : déposez votre corps sur le divan et osez vous livrer, vous aussi, dans les pages qui vous seront réservées tout le long de cet ouvrage.

Le rendez-vous est pris, votre thérapie commence ici !

PARTIE 1

On fait le bilan, calmement ?

À votre Santé !

Lorsque l'on vous dit « santé mentale », quel est le premier mot qui vous vient à l'esprit ? Allez-y, prenez trente secondes pour y réfléchir.

Il y a quelques années, encore jeune étudiant en médecine en plein doute sur mon choix de spécialité et pourtant déjà sensibilisé à la santé, j'aurais répondu : « Santé mentale ?!… Maladie mentale ? Schizophrénie ? Troubles mentaux ? Oh là là ! Dangereux ! » C'est sans aucun doute un terme que j'aurais perçu comme plutôt négatif ou, du moins, j'aurais ressenti une sensation désagréable. Parce qu'à l'époque, j'associais systématiquement le terme « santé » au terme « maladie » et je ne voyais pas toutes les facettes de la Santé avec un grand « S ». Parce que, bien entendu, nous pouvons être en mauvaise santé, souffrir de maladie, pathologie ou troubles, mais nous pouvons aussi voir l'autre côté du chemin, celui de la bonne santé. D'ailleurs, l'OMS (Organisation mondiale de la santé) définit la santé comme un état de complet bien-être physique, mental et social et ne consiste pas seulement en une absence de maladie ou d'infirmité. Nous voyons donc qu'il existe une multitude de facteurs intervenant dans cette définition.

Il y a, en effet, tant de croyances, d'*a priori* et d'illusions autour de la santé mentale que beaucoup associent cette notion au terme de « folie ». J'ai, moi-même, fait partie de ces gens-là. Mais, pour en faire pleinement partie, il m'aurait fallu au moins comprendre ce qu'est la folie. Ce terme est resté dans le langage courant, mais il a été complètement banni du langage des professionnels de santé. Si la folie désigne toutes sortes de comportements, passagers ou non, jugés comme anormaux, c'est-à-dire qui s'éloignent plus ou moins de la norme, alors, comme le dirait le chat dans *Alice au pays des merveilles* : « Nous sommes tous fous ici. » Dans une définition personnelle, je dirais que la santé mentale repose sur une notion d'équilibre, une harmonie du corps et de l'esprit pour un épanouissement personnel et durable (bien que nous soyons confrontés au cours de notre vie à des moments douloureux qui rendent faillible cet équilibre ; on cherche alors à retrouver sa pleine santé mentale).

Et vous, quels sont les premiers mots qui vous viennent à l'esprit si l'on vous parle de santé mentale ?

Je ne suis pas venu ici pour souffrir !

« Une thérapie ? Pour quoi faire ? Je n'ai pas envie de déballer ma vie ! Le passé est passé, je n'ai pas envie de remuer le couteau dans la plaie, ça ne sert à rien. Aller voir un psy ? Un psychiatre en plus ? Je ne suis pas fou, je n'ai pas besoin de ça moi, je peux me débrouiller tout seul ! » On connaît tous des personnes comme ça. De celles qui n'ont besoin de rien ni de personne pour aller bien dans leur vie, alors que leurs névroses sont si grandes qu'elles-mêmes brandissent le drapeau blanc pour signifier : « Pitié, viens faire la paix avec nous ! » Beaucoup attendent d'être au bord du gouffre, voire d'être tombés dedans avant de se prendre en main et d'oser consulter. Pour tout un tas de raisons qui leur sont **propres et justes**. La honte, la fierté, la pudeur, l'orgueil, la peur… L'idée de montrer sa vulnérabilité et d'oser parler de ses souffrances peut paraître insurmontable. Mais, pour autant, en mettant la souffrance de côté, le mal-être ne disparaît pas. C'est ainsi que l'on se retrouve face à une recrudescence de burn-out, de troubles de l'anxiété, d'addictions, de phobies sociales, etc. Parce que la société dans laquelle nous évoluons rend toujours tabou ces questions de santé mentale. Ainsi, ceux qui en ont besoin attendent la rupture psychique pour ne plus avoir le choix que de consulter. Leur mal-être les rattrape et les voilà, un genou à terre, devant leur psy alors qu'ils auraient pu venir sur leurs deux jambes quelques semaines plus tôt. Je pense vraiment qu'il s'agit d'une question de société et qu'elle est importante. L'accompagnement pour une santé mentale équilibrée devrait être la préoccupation de tous : notre famille, nos amis, nos patrons, nos enseignants, nos directeurs, nos collègues et même notre gouvernement ! Pour justement anticiper et prévenir ces moments où la consultation n'est plus une option mais une nécessité, voire une obligation. Nous voilà bien, tiens !

Mais alors, avons-nous tous besoin d'une thérapie ? Pour vivre libres, équilibrés et être guéris de nos blessures ? Peut-être. À un moment de la vie où nous sommes fragilisés ? Sûrement. Cela permet de vider la soupape et d'arrêter de verser de l'eau dans un pot cassé. Eh bien, oui ! Et si on recollait le pot d'abord ?

Et vous, qu'est-ce qui pourrait vous empêcher d'aller consulter ?

C'est grave, docteur ?

Vous est-il déjà arrivé d'aller chez votre médecin parce que vous aviez de la fièvre, une toux, ou même mal au dos ? La réponse est forcément oui ! Dans ces moments-là, vous avez dû remarquer qu'après auscultation, palpation et de multiples questions pour bien cerner la problématique, votre médecin vous annonce : « Eh bien, madame, vous avez contracté une bronchite d'origine virale. Quelques médicaments pour vous soigner et tout rentrera dans l'ordre d'ici quelques jours. » Après avoir minutieusement mené son enquête, le médecin vous annonce le diagnostic d'une maladie. Il pose des mots sur les maux. C'est un des rôles du médecin. Il pose des diagnostics et prescrit les soins nécessaires.

Tel un Sherlock Holmes, il va d'abord rechercher les symptômes qui sont les signes dont va se plaindre le patient (par exemple : la toux, la fièvre, la tristesse). Le médecin va ensuite trier et regrouper les signes recueillis en catégories ou syndromes (un syndrome grippal, un syndrome dépressif, etc.), qui vont orienter son diagnostic vers telle ou telle pathologie (la grippe, la dépression, le diabète, etc.) selon les informations complémentaires recueillies (durée d'évolution, signes associés, élimination d'autres diagnostics, etc.). Pour confirmer son hypothèse, le médecin pourra également avoir recours à ce que l'on appelle des examens complémentaires (prise de sang, imagerie telle que les radiographies, le scanner, l'IRM, etc.).

Vous l'aurez compris, le diagnostic permet de caractériser les choses pour pouvoir, par la suite, proposer la meilleure prise en charge. En santé mentale, c'est le même procédé, à quelques exceptions près. Aujourd'hui, il n'existe pas (encore) de marqueurs dans le sang ou de signes visibles à l'imagerie qui permettent de dire : « Ah oui, là, c'est sûr, cette personne souffre de trouble anxieux généralisé ou de dépression. » C'est dommage, car cela nous faciliterait grandement la tâche. En santé mentale, il nous faut réaliser une analyse très fine et très précise des symptômes, de leur apparition, des signes associés, de leur lien avec l'histoire du patient, pour se rapprocher au maximum du bon diagnostic. Et cela peut parfois prendre du temps. À titre d'exemple, pour diagnostiquer une schizophrénie, il faut être sûr que la symptomatologie évolue depuis au moins six mois, en vérifiant qu'elle n'est pas due à une cause dite somatique (traumatisme crânien, tumeur cérébrale, dérèglements hormonaux, etc.) ou bien à la prise récente de drogues. Bien évidemment, certains diagnostics peuvent être posés beaucoup plus rapidement, en une seule consultation parfois (TOC, dépression, psychotraumatisme, etc.).

Comme Julien Doré, j'ai dépassé les limites ?

LA THÉRAPIE ALTERNATIVE, OUI, MAIS JUSQU'OÙ ?

En tant que thérapeute ou psy, nous ne sommes pas vendeurs de tapis. Nous travaillons avec l'humain, avec la psyché qui est complexe et dont la malléabilité est infinie tout comme elle est fragile. En tant que sophrologue ou sophro-analyste, comme c'est mon cas, il est impératif de rester congruent et de respecter sa réalité objective. Oui, il existe des limites aux thérapies alternatives comme il y en a d'ailleurs dans la médecine traditionnelle. Repousser ces limites, c'est prendre le risque de tomber dans des travers qui sont bien sinueux, voire dangereux. Nous ne pouvons pas aller contre le temps, la moralité, l'incurabilité. Vendre du rêve à un patient, c'est devenir marchand de sommeil, et c'est bien loin de cette posture-là que je souhaite exercer. La toute-puissance en tant que thérapeute est, selon moi, à fuir. Il y a de tout dans les médecines alternatives, des plus rationnelles et qualifiables aux plus farfelues. Non, nous ne sommes pas des gourous, guérisseurs et adeptes de rituels à faire pâlir un vampire comme certains pourraient le croire. Heureusement qu'il existe un curseur au cœur de ces thérapies alternatives et il est important d'y faire du tri, d'observer, de se renseigner, de s'écouter aussi. Mais s'écouter lorsque l'on va mal est parfois plus difficile. C'est là que nous sommes les plus vulnérables et influençables.

En tant que thérapeute, il me semble primordial de pouvoir dire : « Je suis désolée, je ne peux pas vous aider. Je préfère vous orienter vers une personne de confiance, qui saura, au moment présent, trouver la béquille que moi-même je ne peux vous apporter aujourd'hui. Quand cela ira un peu mieux, alors nous commencerons ensemble un travail thérapeutique en profondeur et avec l'aval des médecins, je pratiquerai avec vous des séances de sophrologie ou de mouvements oculaires[1]. » Faire décompenser des personnes vulnérables est possible avec ce genre de méthodes, donc elles demandent toutes les précautions, la conscience et le discernement qu'elles méritent, tout comme je mérite, moi, mon intégrité et ma congruence.

Et les médicaments dans tout ça ?

En tant que médecin, la prescription de médicaments fait partie de notre arsenal thérapeutique. Au même titre qu'une personne souffrant de diabète va devoir prendre un antidiabétique, un patient souffrant d'une maladie psychiatrique comme la bipolarité, la schizophrénie devra lui aussi prendre un traitement pour améliorer les symptômes. Et c'est normal ! Il faut arrêter de stigmatiser la prise de médicaments lorsqu'il s'agit de santé mentale. Est-ce que cela nous viendrait à l'esprit de juger une personne sur sa prise d'antihypertenseurs

1. Voir encadré page 43.

pour réguler sa tension artérielle ? Je ne pense pas. L'essentiel, c'est la santé, et, parfois, il est nécessaire de recourir à des thérapeutiques médicamenteuses. Concernant d'autres troubles du type dépression ou troubles anxieux, il existe, là aussi, des traitements qui peuvent aider le patient. Mais il est important de bien évaluer la situation : inutile de prescrire des antidépresseurs si nous souffrons d'une tristesse passagère ou d'une petite anxiété, cela ne sera pas efficace ; d'où l'importance d'une bonne analyse des symptômes.

Pour terminer cette première partie, jetons un œil sur deux idées reçues parmi les plus célèbres concernant les antidépresseurs :

* **Idée reçue n° 1 : les antidépresseurs, c'est à vie.**
  Non, pas obligatoirement. Bien qu'après de multiples rechutes dépressives il peut arriver qu'un traitement antidépresseur devienne nécessaire à long terme pour le patient, dans la grande majorité des cas le traitement sera proposé le temps de guérir de l'épisode dépressif. C'est comme des béquilles pour le moral : quand on se casse la jambe et qu'on a un plâtre, les béquilles sont une aide utile pour les déplacements dans la vie quotidienne, et lorsque nous n'en avons plus besoin, nous les quittons. C'est un peu la même chose avec les antidépresseurs, ils sont utiles lorsqu'on en a besoin, et puis on s'en sépare quand on va mieux ! Mais attention, on les diminue progressivement, toujours en accord avec son médecin[2] !

2. En effet, un arrêt trop brutal d'un antidépresseur expose au risque de syndrome de sevrage, entraînant un ensemble de symptômes désagréables tels que des nausées, maux de tête, tremblements, vertiges, de l'anxiété, ou même la réacutisation d'un syndrome dépressif.

* **Idée reçue n° 2 : les antidépresseurs, c'est seulement pour les dépressions.**

Eh bien, non ! En réalité, ces médicaments portent assez mal leur nom car ils ont une double action. Ils tendent à rétablir une humeur stable, et donc luttent effectivement contre la dépression, mais il est important de savoir que certains antidépresseurs ont une action dite « anxiolytique », c'est-à-dire qui diminue le niveau d'anxiété sur le long terme. C'est pour cette raison que lors de certains troubles anxieux sévères (trouble anxieux généralisé, TOC, trouble panique, etc.), il peut être proposé au patient, en parallèle d'une prise en charge psychothérapeutique, de prendre un traitement antidépresseur alors que son moral est bon.

PARTIE 2

Bienvenue en thérapie !

Ouvrons les portes de nos cabinets

Poussez les portes de nos salles de consultation. Allez-y, entrez, n'ayez pas peur ! Vous êtes les bienvenus. Bienvenue dans notre tête, dans notre posture de médecin et de thérapeute. Nous allons tout vous dire, tout vous montrer, tout vous faire vivre à nos côtés. Derrière nos lunettes et nos stylos, vous nous verrez avant tout humains : vulnérables, authentiques, sensibles, faillibles. Quels sentiments nous traversent durant nos consultations ? Comment se déploient notre analyse et notre diagnostic ? Quelles sont nos approches thérapeutiques ? Nous allons nous poser des questions, faire des choix, vivre des émotions parfois remuantes et nous allons partager tout cela avec vous, sans filtre.

Vous allez pouvoir vous aussi vous livrer, nous partager vos peurs, vos manques, vos blessures, vos difficultés au quotidien. Revenons, chacun et ensemble, au cœur de l'humain qui nous habite.

Au travers de nos consultations, nous allons aborder différents grands sujets de la santé mentale tels que les troubles anxieux (les TOC, les phobies, les attaques de panique, l'agoraphobie, etc.), le SSPT (syndrome de stress post-traumatique), les troubles du comportement, les troubles de l'humeur et de la personnalité, etc. Tout cela de façon concrète, depuis le vécu du patient jusqu'à celui du médecin ou de la thérapeute. D'eux à nous, de nous à vous…

L'agoraphobie d'Anna

DEHORS, IL FAIT BEAU ?

Il est 9 heures ce matin lorsque j'arrive au cabinet. J'aime arriver en avance, avant ma première consultation, cela me permet de prendre le temps de vivre l'instant, pleinement, avant d'enchaîner plusieurs consultations d'affilée. Je me retrouve devant ma baie vitrée, face à cet arbre orné de délicates feuilles de couleur vert pomme, les pieds bien à plat au sol et je contemple. Mon regard observe la nature, dehors, qui vaque à ses occupations et, moi, je ne fais rien d'autre que d'être là, debout, ancrée dans la terre, ancrée à moi-même et je respire. Si je me sens pleinement dans mon corps, je peux alors pleinement incarner ma posture de thérapeute et je suis prête à accueillir chaque consultation, comme elle le mérite : avec bienveillance, sans jugement et dans cette écoute active qui me semble indispensable.

Anna arrive. C'est la troisième fois que je la vois. Elle ne va pas bien depuis le premier confinement de mars 2020. Elle n'ose plus sortir dehors, n'arrive plus à conduire sa voiture ni à faire les magasins. Ce qui lui semblait si naturel avant ne l'est plus du tout aujourd'hui. Elle réfléchit énormément et ne parvient plus à faire ses activités quotidiennes de façon automatique : tout est devenu lourd, compliqué et source d'angoisse. La peur a balayé tout discernement et aujourd'hui elle doute de ses propres capacités. J'ai beaucoup de peine de voir cette jeune femme de 23 ans dans cet état. Elle n'a jamais connu, jusqu'ici, aucun épisode où sa santé mentale a été ainsi fragilisée, alors elle est vraiment perturbée et elle ne comprend pas ce qui lui arrive.

Je l'accueille avec un sourire. Je crois que c'est ce dont elle a le plus besoin, un sourire et un brin de chaleur humaine. Elle s'assoit sur son fauteuil et regarde par la fenêtre. Je m'aperçois qu'ils sont beaucoup à faire spontanément comme moi, à être happés par cette fenêtre, et l'espace de verdure qu'elle offre, à ce moment-là, les recentre. Je ressens, après nos deux premières consultations, que son mal-être n'est vraiment pas profond. Il ne résulte pas d'un traumatisme ou d'expériences douloureuses qui marquent une vie. Il s'agit ici d'un état de stress qui, au fil des semaines, s'est installé et a développé tout un tas de symptômes anxieux pour répondre à une alarme intérieure qui ne cesse de sonner. Il faut dire que nous vivons à cette période, un événement totalement inédit : une pandémie mondiale. Personne n'est vraiment préparé à cela et personne ne sait vraiment où nous allons. Si cette jeune femme ressent un stress intérieur, il est évident que la situation extérieure tout aussi stressante ne l'aide pas du tout.

Je choisis de directement traiter cette jeune femme en mouvement oculaire afin de désactiver ses angoisses avant qu'elles ne s'installent davantage. Je sens, je sais, que cela peut la soulager instantanément. Effectivement, à la vue de son sourire, je comprends que notre première séance en mouvement oculaire a fait son petit effet. Elle se sent plus légère, les pensées anxieuses se sont essoufflées et, surtout, elle a réussi à reprendre sa voiture sans avoir à préparer dans sa tête le chemin retour, celui qui la reconduisait chez elle en cas d'urgence ; urgence qu'elle appelle ici : crise d'angoisse.

Anna s'y est prise à temps. Elle a tout de suite endigué le problème en venant consulter avant que cela ne dégénère car, effectivement, à plus long terme, il est fort probable qu'Anna aurait développé une véritable agoraphobie avec attaques de panique. Cela aurait pu se compliquer mais, par les mouvements oculaires, nous avons pu tout de suite désactiver la chaîne anxieuse qui n'avait pas encore eu le temps de s'incruster profondément, tels des sillons négatifs, dans le cerveau d'Anna.

Je suis contente pour elle. Je me dis que de pouvoir soulager quelqu'un aussi vite, parce que sa personnalité est équilibrée, sans traumatisme de vie particulier, c'est quand même gratifiant. J'ai conscience que, bien souvent, cela n'est pas aussi instantané et que sa réceptivité à la méthode thérapeutique utilisée est idéale. Cela dit, j'ai découvert une jeune femme totalement fermée et pétrifiée il y a un mois et demi et je retrouve une femme plus libérée et souriante aujourd'hui, et je crois que c'est exactement pour cela que je fais ce métier et que j'ai envie de sourire à ses côtés, désormais.

Je la retrouverai dans quinze jours. Elle veut poursuivre sa thérapie, dans d'autres domaines qui étaient secondaires pour elle jusqu'à présent, mais qu'elle souhaite traiter avant d'envisager un jour devenir maman. Je vais, à présent, utiliser la sophrologie pour l'accompagner, afin de la reconnecter pleinement et positivement dans son corps, pour qu'elle puisse trouver, en elle, toutes les ressources nécessaires dans son désir d'être mère.

Thérapie par mouvements oculaires (de type EMDR-IMO)

L'EMDR (de l'anglais *Eye Movement Desensitization and Reprocessing*) et l'IMO (intégration par les mouvements oculaires) sont deux techniques qui permettent de traiter les états de stress post-traumatique et les souvenirs récurrents, douloureux et désagréables à revivre dans le présent. Ces deux techniques très proches font appel à des mouvements oculaires qui ont pour but de traiter l'information (sensorielle, physique, émotionnelle, cognitive) des souvenirs douloureux que nous revivons durant la séance. Ce qui va différencier l'EMDR et l'IMO, c'est le type de segments réalisés lors de la séance qui changeront la direction des mouvements oculaires effectués. L'EMDR fonctionne avec une seule direction (de droite à gauche) dans un mouvement rapide, alors qu'en IMO, il existe une vingtaine de segments différents qui exploitent tout le champ visuel du patient.

Attaque de panique

L'attaque de panique ou la crise d'angoisse sont des termes qui décrivent sensiblement la même entité : une montée d'anxiété soudaine, rapidement intense, d'une durée limitée dans le temps (environ une vingtaine de minutes), associée à divers symptômes physiques (palpitations, sensation d'oppression thoracique, contractions musculaires, etc.), psychiques (impression de mourir, de devenir fou, que le monde devient bizarre, etc.). Cette crise peut survenir spontanément ou être déclenchée par une situation. Elle peut aussi être unique ou peut se répéter et s'inscrire dans un trouble psychiatrique.

Agoraphobie

L'agoraphobie est définie comme la survenue d'une anxiété en lien avec les situations où il serait difficile de s'échapper ou bien d'obtenir rapidement de l'aide en cas d'attaque de panique. Cela peut concerner les magasins, les transports en commun, les boîtes de nuit, etc. Dans ces situations, la personne ressent une anxiété très importante pouvant parfois même déclencher de véritables crises d'angoisse. Pour lutter contre cela, bien souvent les patients ont recours à ce que l'on appelle **un phénomène d'évitement**, se sentant par exemple obligés de passer par le *drive* pour les courses, d'éviter le plus possible les files d'attente, ou, dans tous les cas, essayant de s'exposer le moins possible à ces situations. Nous imaginons bien les conséquences que peut avoir un tel trouble sur la vie d'une personne : repli social, diminution des activités plaisir auparavant investies, tout cela pouvant participer à une augmentation d'un mal-être et parfois même évoluer vers d'autres problèmes comme la dépression.

Le regard du psy

Comme de nombreuses personnes, Anna a souffert de la situation liée à l'épisode sanitaire de l'année 2020. Vous vous souvenez ? Mais si, rappelez-vous ! Covid-19, confinements, couvre-feu, lits de réanimation, vaccin, tout ça... Il est évident que le climat anxiogène provoqué par ce virus a favorisé l'émergence de certaines peurs et angoisses, parfois même de véritables troubles anxieux comme l'agoraphobie. Peur de sortir de chez soi, peur de se retrouver dans des lieux avec d'autres personnes. Des situations de la vie quotidienne qui sont devenues pour certains un vrai calvaire.

Mais, comme Anna, l'un des points les plus importants, peut-être même l'étape numéro un, est tout d'abord de se rendre compte que quelque chose ne va pas. Puis, s'autoriser à prendre soin de soi, consulter pour avoir un avis, tout autant d'actions qui permettent de lutter contre une éventuelle cristallisation des symptômes. Car le problème est insidieux et, sournoisement, les symptômes peuvent prendre de plus en plus d'ampleur et de territoire, au détriment de la santé de la personne.

Et vous, comment cette pandémie vous a-t-elle impacté ? Essayez de trouver autant de positif que de négatif à cette situation. On tourne définitivement la page après ça !

Pause-café

Exercice : contemplation en pleine conscience

Prenez-vous le temps, comme Anna et moi-même l'avons fait, de regarder par la fenêtre parfois ? Et si vous faisiez cela, ici et maintenant ? Sans regarder par la fenêtre l'air hagard en vous perdant dans vos pensées, mais, au contraire, en étant attentif à ce qu'il se passe dehors. Cela vous permet de pleinement revenir à l'instant présent et d'apaiser les pensées anxieuses qui peuvent vous envahir.

Prenez 5 minutes pour regarder par la fenêtre, qu'importe où vous êtes. Observez les couleurs, la météo, la nature, le ciel, peut-être pouvez-vous même entendre le chant des oiseaux ou le bruit du vent, sentir l'odeur de la pluie... Essayez de trouver cinq choses auxquelles vous n'aviez jamais pleinement prêté attention jusqu'à aujourd'hui. Vous pouvez alors les décrire ici, ou les dessiner si le cœur vous en dit.

1.

2.

3.

4.

5.

La phobie sociale d'Élodie et son refus scolaire

ET POURQUOI PAS UN BAR À CHATS ?

13 h 45 : en ce début d'après-midi, tout juste sorti de ma sieste quotidienne et les yeux encore embrumés, il est déjà l'heure de repartir à l'hôpital. Au volant de ma voiture, fenêtre ouverte, je passe mon badge devant le boîtier noir du portique. La voix féminine enregistrée retentit : « La porte est ouverte », dit-elle d'un ton le plus neutre et impersonnel qui soit. En avançant dans le parking, bien rempli à cette heure-là, je porte mon regard au loin. C'est bon, la place que j'ai quittée plus tôt ce matin est toujours libre. Je coupe le contact, saisis mon sac et claque la portière. J'avance d'un pas décidé et motivé vers cette nouvelle demi-journée qui s'annonce. Je traverse le couloir, en prenant soin de saluer au passage mes collègues. C'est agréable de travailler avec une équipe, même pour une personne introvertie comme moi. Confidences entre nous, il me faut toujours au moins un bon mois pour trouver mes marques, apprendre les prénoms de chacun, et me sentir à l'aise. Avant cette période, c'est à pas feutrés que j'ose à peine aller vers les autres. C'est vrai, je suis plutôt du genre discret, en retrait. Mais une fois cette période d'adaptation faite, j'apprécie beaucoup le contact avec mes collègues. Pouvoir échanger autour d'une situation, cela permet parfois de diminuer la pression que l'on peut ressentir sur certaines problématiques, un des avantages de travailler à l'hôpital.

Installé à mon bureau, j'allume l'ordinateur, je vérifie ma liste d'e-mails et les rendez-vous prévus pour cette seconde partie de journée. Ouf, ça devrait s'annoncer plutôt calme ! Je vois qu'à 15 heures je vais recevoir pour la quatrième fois Élodie, une adolescente de 17 ans, bientôt 18, que j'ai rencontrée il y a quelques semaines dans le cadre des urgences pédiatriques[3]. Élodie avait été orientée par son médecin traitant, devant la verbalisation d'idées suicidaires le jour même. Rencontrer des personnes qui présentent ce type de symptôme, ce n'est jamais chose facile. C'est peut-être même plus difficile lorsque cela arrive à des ados ou, pire, à des enfants. Que dire à l'adolescent ? Que dire aux parents qui sont démunis face à la détresse de leur enfant ? Quand j'avais 25 ans et que j'étais jeune étudiant, ignorant les souffrances de la vie, j'aurais été incapable de savoir quoi dire. Je serais sans doute resté mutique, envahi par les propos de cette adolescente, qui auraient percuté de plein fouet mon petit cœur, vierge de tout traumatisme. J'aurais à la limite peut-être réussi à prononcer quelques phrases bateau, mais au prix de bégaiements importants, marquant mon manque cruel d'expérience et mon manque de confiance en moi. Mais ça, ça aurait été avant, parce que, face à cette patiente et son père, c'est la position de médecin que j'ai dû et su garder, celle que l'on m'a enseignée, afin d'évaluer au plus juste la souffrance et surtout ce risque de passage à l'acte suicidaire chez cette jeune femme en devenir.

3. Dans certains hôpitaux, les urgences pédiatriques prennent en charge des mineurs jusqu'à 18 ans ; après, ils sont redirigés vers les urgences adultes.

Lorsque je l'avais rencontrée, les idées de suicide étaient en lien avec le conflit qu'elle avait eu quelques jours plus tôt avec son petit ami. Après évaluation, il ressortait que cette adolescente présentait des traits pouvant faire penser à une personnalité dite dépendante, mais ce qui m'a le plus sauté aux yeux, c'est qu'elle m'expliquait être déscolarisée depuis la première, parce que : « Je ne pouvais plus aller à l'école », disait-elle. Les idées de suicide étant très contextuelles et peu inquiétantes, j'avais donc décidé de la laisser rentrer à la maison et de la revoir en consultation pour explorer plus particulièrement la piste de la déscolarisation, que je constate beaucoup chez les adolescents et qui me paraissait la plus problématique.

La phobie scolaire (ou devrait-on parler de refus scolaire anxieux) est un motif fréquent de consultation. Pour Élodie, c'était surtout la peur du regard de l'autre qui était le plus difficile, d'autant plus qu'elle m'expliquait que lors de son entrée au collège, elle avait subi une période de harcèlement scolaire, verbal exclusivement, de type insultes et moqueries. En effet, cette adolescente qui présentait un joli teint de porcelaine semblable à une marquise d'une époque lointaine était plutôt surnommée « le zombie » ou « le vampire » par ses camarades. Ah, charmante jeunesse pleine de bienveillance ! Du harcèlement verbal uniquement, pas de violences physiques donc, mais un impact tout aussi important sur son estime d'elle-même. Toute cette problématique autour de la peur du regard de l'autre était devenue handicapante pour elle, d'autant plus qu'elle avait un projet ambitieux, mais secret, qu'elle s'était autorisée à me confier. Passionnée de cuisine et de pâtisserie, elle souhaitait se réorienter en CAP afin d'ouvrir un salon de thé, qui accueillerait également des chats, vous savez, ce que l'on appelle aujourd'hui les « bars à chats ». Joli projet, oui, mais gros problème : comment allait-elle faire pour se confronter de nouveau au regard de ses camarades lors de sa rentrée ? Elle était consciente de cela, et ça l'angoissait.

– J'aimerais vraiment pouvoir faire la rentrée de septembre, m'a-t-elle dit d'une voix qui ne dépassait sans doute pas les 25 décibels.
– Je comprends, ai-je répondu. Nous allons travailler ensemble pour que ce soit possible. Qu'en penses-tu ?
– Oui, je suis d'accord.

Nous avons alors décidé de travailler sur cette anxiété, qui se manifestait chez elle par des pensées négatives du type « Les gens vont voir que je suis mal à l'aise, ils vont me trouver ridicule et se moquer de moi », mais surtout par des somatisations (maux de ventre, nausées, maux de tête, etc.) qui survenaient avant qu'elle ne se soit confrontée aux différentes situations anxiogènes. Pour avoir personnellement souffert en tout début de sixième de refus scolaire anxieux, et ayant fait l'expérience des somatisations, j'imaginais aisément la difficulté à laquelle cette ado était confrontée et surtout à laquelle j'allais lui proposer de s'exposer pour s'en sortir. En effet, devant cette problématique, j'ai envisagé une psychothérapie basée sur la TCC (thérapie cognitive et comportementale) pour modifier ses croyances et l'exposer progressivement aux situations anxiogènes, afin de l'habituer à ses sensations et d'en diminuer l'intensité et l'anxiété sur le long terme. Mais avant d'entamer cette thérapie, il fallait que j'en apprenne davantage sur ces situations qui l'angoissaient. Apprendre à se connaître est une des premières étapes, selon moi, pour tendre vers la guérison.

Refus scolaire anxieux

La phobie scolaire porte mal son nom. En réalité, nous n'avons pas « peur de l'école », mais nous avons « peur de quelque chose qui nous empêche d'aller à l'école ». Petite subtilité, mais qui a toute son importance car, dans la grande majorité des cas, le goût pour les apprentissages est conservé.

On parle alors plutôt de **refus scolaire anxieux** : l'enfant ou l'adolescent, du fait de la symptomatologie anxieuse, est en incapacité d'aller à l'école. De multiples causes peuvent être impliquées : agoraphobie, harcèlement scolaire, difficultés attentionnelles, peur de l'échec, anxiété de séparation, dépression, ou bien même phobie sociale comme dans le cas d'Élodie, la liste n'est pas exhaustive. Vous l'aurez compris, le refus scolaire anxieux n'est donc qu'un symptôme : il faut découvrir ce qu'il cache pour pouvoir le traiter.

Trouble d'anxiété sociale

Le trouble d'anxiété sociale ou phobie sociale est un des troubles anxieux les plus fréquents chez l'adolescent. Il est caractérisé par la crainte des situations où l'on pourrait être exposé au regard d'autrui. Cela peut survenir lors d'une conversation, d'une présentation orale, d'un repas en collectivité, etc., c'est très vaste. Dans ces moments, la personne va avoir peur de présenter des signes qui montreraient son malaise ou bien même une peur d'agir de façon ridicule. Pour lutter contre cela, une de ses stratégies les plus fréquentes mais pour le moins inefficace est, comme dans tout trouble anxieux, l'évitement de ces situations anxiogènes. Alors, oui, il n'y aura pas d'anxiété, mais cela ne fera qu'entretenir et aggraver le trouble, et aura d'autres conséquences, comme un repli et un isolement qui empireront et pourront devenir très handicapants pour l'avenir.

Et vous, est-ce que vous présentez certaines caractéristiques liées à la phobie sociale ? Comment se passent pour vous le regard des autres, les conversations avec des gens que vous connaissez peu, les prises de parole en public ?

Pause-café

Exercice : les cercles de zone de confort

Vous avez 5 petites minutes devant vous ? Oui, oui, j'en suis sûr ! Alors, hop ! attrapez donc un stylo. Vous aussi vous allez pouvoir réaliser cet exercice, celui que nous avons fait en consultation avec Élodie. Même pas besoin de papier, vous pouvez réaliser l'exercice sur les pages qui suivent. Vous voyez ces deux cercles l'un dans l'autre ? Dans le premier, nous allons noter tout ce qui nous rassure, ce qui nous apaise. Prenez du recul. Ce premier cercle correspond à votre zone de confort, votre « lieu sûr », celui où il fait bon vivre.

Maintenant, éloignez-vous de ce cercle et partez au-delà du deuxième, dans cette vaste zone blanche, cette étendue qui peut être angoissante. Que noteriez-vous ? Quelles sont les situations qui vous procurent le plus d'anxiété et de malaise ? Celles que vous ne supportez pas ? Notez tout ce qui vous vient à l'esprit. Cette zone correspond à votre zone de risque, celle où la peur est si pétrifiante, si paralysante, qu'elle vous empêche d'agir. C'est encore trop tôt pour oser s'y aventurer, mais observez ce que vous venez d'y noter. Pour chaque situation, identifier la ou les expositions les moins angoissantes qui existent.

Pour Élodie, une des situations angoissantes était de manger en présence de personnes qu'elle ne connaissait pas. Devant cette situation, pour elle, prendre le déjeuner avec un ami proche était moins stressant, mais elle n'en avait pas l'habitude. C'est une des choses qu'elle a écrites dans cette zone intermédiaire. Cette zone intermédiaire est la zone de progrès : elle procure une anxiété tolérable, mais stimulante, permettant de s'aventurer hors de sa zone de confort tout en gardant la maîtrise. En identifiant et en s'exposant à ces situations intermédiaires, Élodie agrandit sa zone de confort. Je vous invite à tenter l'expérience.

Exemple des cercles d'Élodie

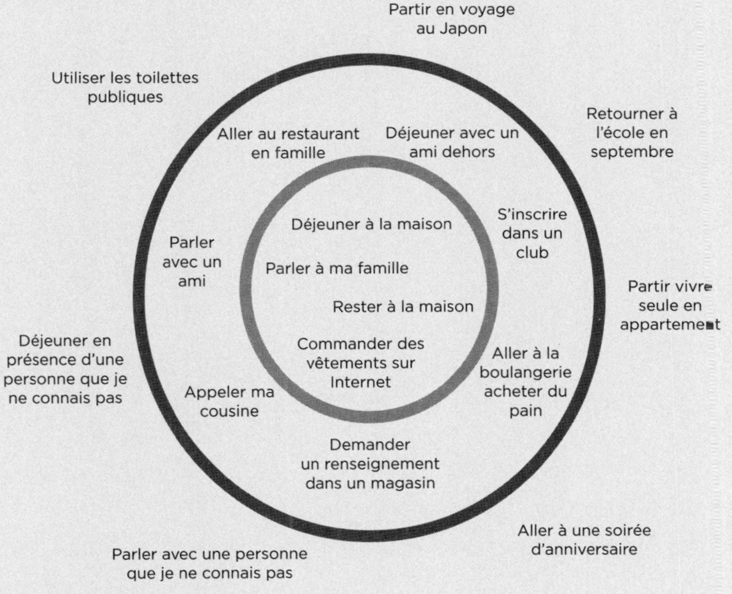

C'est à vous !

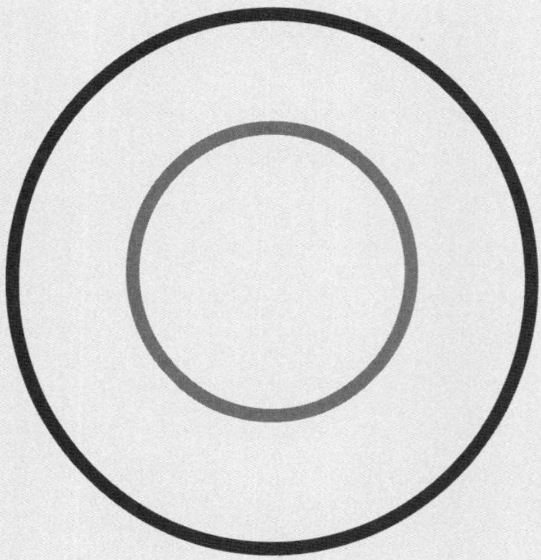

Difficile, pour Jessica, de se livrer en thérapie

NON, RIEN DE RIEN...

Il est 9 h 30 ce matin lorsque le tintement de ma clé signe l'ouverture des portes de mon cabinet. À peine celles-ci ouvertes, je sens l'odeur de l'huile essentielle laissée hier par mon diffuseur. C'est comme si cette odeur m'ancrait dans mon cabinet. Dès que je la sens, ça y est, je suis ici, maintenant, dans mon espace de travail. Je déballe mes affaires, allume mon ordinateur, prépare un thé et je m'installe quelques instants sur mon espace extérieur en admirant les rayons du soleil à travers les feuilles des arbres. Je viens tout juste de refermer les portes de ma baie vitrée lorsque Jessica arrive. Je ne l'ai vue qu'une seule fois, pour notre rendez-vous d'anamnèse. Vous savez, ce premier rendez-vous où nous faisons le point sur l'histoire, la personnalité et le vécu de la patiente avant de pouvoir commencer des séances. Ce rendez-vous s'était déjà déroulé de façon très sommaire. Jessica est très distante, se livre peu sur sa vie et elle est très pudique quand il s'agit de ses sentiments. Elle me dit ressentir un blocage, comme si quelque chose n'allait pas en elle, mais elle ne sait pas du tout quoi. Elle vient me voir parce qu'elle connaît une personne qui est venue me consulter et qui m'a recommandée auprès d'elle. La seule réaction émotionnelle a lieu lorsqu'elle parle de son père alors malade. Elle se ferme dès que l'on évoque sa famille, comme si elle censurait sa parole. Dans son attitude, elle est très fermée. Je la vois

les genoux serrés, les mains entrelacées, déposées sur ses jambes et le corps tout recroquevillé. Pourtant, elle me dit :
– J'espère que vous allez m'aider parce que je ne vais pas bien !
– Vous me dites que vous n'allez pas bien. Comment se manifeste en vous ce mal-être ?
– Je ne sais pas ! Je sens que quelque chose ne va pas, que je suis bloquée à l'intérieur, mais je ne sais pas du tout pourquoi.

Elle a l'air motivée malgré sa retenue. Je lui propose une séance de sophro-analyse. Cela va nous permettre de partir d'une problématique du présent et de remonter le fil de son histoire pour atteindre la racine de ce qui la bloque aujourd'hui. Avec cette technique de psychothérapie, nous allons chercher le « pourquoi » de son mal-être afin de pouvoir mieux le traiter ensuite. Elle s'allonge alors sur le divan, stoïque. Je sens que l'alliance entre nous est difficile à créer par sa réserve que rien ne semble venir déjouer. Mais je sais que parfois il faut du temps avant que ce lien thérapeutique puisse s'installer. Je ne peux que respecter cela. Je l'invite à fermer les yeux et à suivre la relaxation que je lui propose, amenant une détente dans le corps, de la tête aux pieds. La voilà dans un état que l'on appelle « sophronique », semblable à de l'hypnose légère, ce niveau de conscience entre la veille et le sommeil. Dans cet espace, je l'invite à ramener à sa conscience un souvenir récent où elle ressent ce blocage en elle et de le revivre au présent, comme si elle le vivait, ici et maintenant. Elle me décrit se sentir bloquée dans le ventre, comme coupée en deux avec une sensation de pression dans le plexus. Je lui demande de rester en lien avec cette sensation et de laisser émerger un souvenir, des images, quelque chose en lien avec cette sensation. Rien pour le moment. Je lui propose de laisser venir sans trier ou chercher quoi que ce soit. Toujours rien. Dans ces séances de sophro-analyse, je suis de trois quarts face à la personne pour qu'elle ne se sente pas observée et je laisse mon regard fuyant en direction de la fenêtre pour me laisser bercer par la nature environnante. Après plusieurs minutes qui me paraissent une éternité dans ce silence, je pose finalement mon regard sur elle. Lorsque je la regarde, j'observe un langage non verbal assez marqué. Elle grimace, fronce les sourcils, déglutit dans une gorge serrée. Mais elle ne me dit rien. Quand je la relance en lui demandant ce qu'il se passe ? Elle me répond brièvement « rien ». Elle me donne l'impression de trier ce qui lui vient et de garder sous cloche ce qu'elle ne souhaite pas dévoiler. Pourtant, les sensations physiques sont là, elle les ressent. Je ne peux brusquer personne ou ouvrir des portes qui ne sont pas prêtes à être ouvertes : les résistances, les limites, les peurs qui incombent à la personne sont respectables de façon non négociable. Je la relance une dernière fois et elle me dit : « Je vois mon père », et elle verse une larme. Même ce contenu lacrymal semble timide et retenu. Le silence et le « rien » conduiront cette séance durant 35 minutes. Lorsque je la ramène à l'état d'éveil et l'invite à se rasseoir sur son fauteuil, elle est toujours aussi stoïque qu'avant la séance. Je lui explique les mécanismes de défense et de protection psychique et que, parfois, cela demande du temps pour pouvoir pleinement plonger en soi, sans résistance. Elle reste toujours dans sa posture distante et dans l'expectative.

Je suis assez déroutée par ce genre de profil. À ce moment-là, de par ma jeune expérience, je me sens en échec de ne pas parvenir à créer cette alliance et à l'accompagner comme elle le demande.

Aujourd'hui, je sais que ces résistances font partie de la thérapie et que la relation thérapeutique se joue dans les deux sens. Je ne suis justement pas un médecin qui va proposer une solution concrète à un symptôme ou à une problématique donnée. Pourtant, c'est peut-être ce qu'elle attendait puisque, au moment du paiement, ce moment où finalement nous ne sommes plus tout à fait dans la thérapie mais dans l'administratif, Jessica me tend son chèque et me lâche, tel un pavé dans la mare : « Et du coup, vous croyez que c'est bon ? Mon blocage sera réglé ? » Je ne sais pas si Jessica a vu mes yeux s'écarquiller, mais j'ai senti mes paupières se recroqueviller dans leur retranchement et mes yeux complètement s'exorbiter. J'ai presque failli lâcher un soupir tellement les bras m'en tombaient. Nous venons de passer une séance où, d'après ces dires, il ne s'est rien passé. Rien de rien. Et au moment où elle me tend son chèque, elle a en elle la croyance que cette seule séance aura réglé son blocage. Je lui explique, à nouveau, que c'est un peu plus compliqué que cela et qu'une thérapie demande du temps et de l'investissement. Je lui propose de laisser infuser la séance avant de me rappeler pour un prochain rendez-vous. Je sais en disant cela qu'elle ne me rappellera jamais. Je la remercie et je ferme la porte derrière elle.

« Mais, qu'est-ce que j'ai raté ? » J'ai forcément raté quelque chose ou n'ai pas été assez claire au départ dans mes explications de : comment fonctionne une thérapie ? Qu'est-ce que la sophro-analyse ? De l'énergie et de l'investissement personnel que cela demande. J'ai eu la sensation de me retrouver face à quelqu'un qui ne donnait rien, mais qui attendait tout de moi. Je ne peux pas sauver une personne. Ce n'est ni mon rôle, ni ma vision de la thérapie. Mais c'est ce qu'elle attendait visiblement et, surtout, que cela soit fait en un claquement de doigts. Je termine cette séance avec le sentiment d'avoir aussi ma part de responsabilité dans ce que je vis, comme un échec. Évidemment, Jessica ne me rappellera jamais et j'imagine ce qu'elle doit penser désormais de la sophro-analyse. C'est dommage.

Le regard du psy

L'histoire de Jessica lors de cette consultation me fait penser à d'autres situations que j'ai moi-même eu l'occasion de vivre. Celles où l'on rencontre un patient qui, dès le premier rendez-vous, s'attend à un changement majeur et immédiat. Cela nous arrive fréquemment. En même temps, c'est bien normal et il faut le comprendre, c'est dans l'espoir de ce changement que les personnes consultent. Cependant, en matière de santé mentale, le changement prend son temps, et il est spécifique à chacun. D'autant plus que, lorsque nous décidons de débuter une thérapie (car, avec les médicaments, les choses évoluent généralement plus vite), c'est le patient qui a le rôle principal. Nous, thérapeutes, sommes là pour guider, accompagner, aider à mettre du sens et à amorcer les changements pour son avenir. Mais, malheureusement, ce n'est pas nous qui pouvons faire le plus gros du travail, cela reste de la responsabilité du patient qui s'engage en thérapie. C'est aussi pour cette raison qu'il est important de définir les bases et les contours de la thérapie proposée lors des premiers rendez-vous : quels en seront les objectifs ? Comment cela se déroulera-t-il ? De savoir aussi en quoi consistera la thérapie, ce qu'il s'y jouera d'un point de vue émotionnel, en positif mais aussi en négatif. Enfin, un des points les plus importants est de respecter la temporalité du patient, le laisser aller à son rythme, ne pas brusquer, ne pas forcer, car, parfois, ce n'est juste pas le bon moment, il n'est pas prêt. Mais, dans tous les cas, le rassurer et l'informer de notre disponibilité lorsque le moment sera venu.

Et vous, arrivez-vous à vous livrer en thérapie ? Ou bien cela est difficile pour vous d'oser verbaliser ce qui vous fait souffrir ? Auriez-vous quelque chose de particulier à nous livrer ici ?

Pause-café

Exercice : miroir, mon beau miroir

En vous aussi, il existe certaines choses que vous ne préférez pas voir ? Parfois, comme Jessica, ce qui est présent est si inconfortable qu'il est préférable de le mettre de côté. C'est une question de temps, de moment, de courage sur l'instant aussi. Chaque résistance a sa raison d'être et elle se respecte. Et si vous osiez, aujourd'hui, vous regarder dans le miroir ?

D'abord pour de vrai. Allez-y ! Levez-vous et regardez-vous dans votre miroir, physiquement. Sans jugement et avec toute la bienveillance que vous méritez. Portez un regard neuf et doux sur vous-même.

Après cela, prenez un temps d'introspection en fermant les yeux et, en douceur, laissez émerger en vous ces choses que vous préférez ne pas voir. Ces parts d'ombre liées à votre vécu, votre histoire, vos réactions, vos comportements... Accueillez-les avec bienveillance et sans jugement. Puis, prenez le temps de les écrire dans le miroir ci-contre. Observez-vous simplement, sans filtre, sans y changer quoi que ce soit. Révélez courageusement à votre conscience ces parts douloureuses en vous afin de mieux les regarder et pouvoir, le moment venu, en prendre soin.

L'amaxophobie[4] d'Ernest

PILOTE DE FORMULE 1 ? MÊME PAS EN RÊVE !

Tout juste le temps de finir de lire en diagonale le courrier du médecin qui m'adresse Ernest, ce jeune adulte de 25 ans, que la sonnerie du téléphone retentit : « Hippolyte, ton rendez-vous est arrivé. » Je remets en ordre mes papiers, réajuste ma tenue et fais une petite vérification : pas de miettes sur ma chemise, pas de taches non plus. C'est mon petit rituel avant une consultation. « C'est bon, je suis prêt ! » Je pars accueillir mon patient. La salle d'attente est quasiment vide, Ernest est le seul patient. Il attend tranquillement sur une des chaises, celle dans le coin de la pièce, près de la fontaine à eau. Des cheveux châtains mi-longs, une mèche retombant devant ses yeux, des traits de visage fins, on lui aurait facilement donné dix ans de moins. Avec un sourire, je m'adresse à lui : « Monsieur ? Vous êtes prêt ? On peut y aller. » L'accueil du patient est une étape très importante pour moi. Ces quelques secondes, cette première impression, cet échange de regards, tout cela donne le ton pour la suite de l'entretien. C'est donc toujours avec une voix posée et un sourire bienveillant que j'essaie de me présenter à eux. Je refuse de donner cette image erronée et clairement plus d'actualité du psychiatre âgé, froid et distant que peuvent dépeindre les vieux livres ou les films d'époque. Peut-être même qu'inconsciemment, j'essaie déjà à ce moment-là

4. Phobie de conduite d'un véhicule, voir encadré page 74.

de donner envie au patient d'être plus à l'aise, de lui montrer que je suis là pour lui, que ces quelques instants lui appartiennent. Après nous être installés au bureau de consultation, nous commençons l'entretien.

« Je ne peux plus conduire », finira-t-il par me dire après les dix premières minutes de présentation et de recueil des antécédents. Pour Ernest, la conduite de la voiture est devenue une angoisse absolue. Il a pourtant décroché le permis il y a quelques mois haut la main, du premier coup, alors qu'il n'y croyait pas.
– On m'avait dit que l'inspecteur était sévère, et qu'il ne donnait pas le permis facilement.
– Ah oui ? très bien et, donc, qu'est-ce que ça peut donner comme information sur votre capacité à conduire ?
– Oui, je sais, soupira-t-il, comme le disent mes proches aussi, ça veut dire que je méritais le permis, que je sais conduire, mais je ne peux pas m'empêcher de penser qu'il était sans doute dans une bonne journée, dans un bon « *mood* », et qu'il me l'a donné alors que je suis peut-être un danger.

Ernest m'explique alors que très rapidement après avoir obtenu le sésame, il a ressenti une forte anxiété dès lors qu'il se trouvait au volant de son véhicule ou bien même à l'idée de devoir le prendre. Alors, subtilement, il a décidé d'utiliser les transports en commun plutôt que de prendre le risque d'être responsable d'un accident. Il m'expliquait aussi être devenu le roi des excuses pour ne pas avoir à conduire sur de petits trajets ou lors de départs en vacances entre amis : maux de tête, nausées, douleurs dans les mollets, tout moyen était bon pour refuser de prendre le volant. Sa confiance en lui a disparu petit à petit, que ce soit concernant ses capacités à conduire ou d'autres sphères de son travail, notamment lors de présentation de projets.

« Mais ça a vraiment empiré le jour où j'ai changé de poste », me dit-il d'une voix démunie. En effet, il avait obtenu, malgré son manque de confiance en lui, une promotion dans sa boîte de graphisme, mais l'une de ses nouvelles missions lui imposait des déplacements à une vingtaine de kilomètres du studio. Le soir, il ne parvenait plus à manger convenablement, l'anxiété s'invitait déjà à ses côtés dès 19 heures. Elle lui susurrait à l'oreille que le lendemain allait être une épreuve insurmontable, qu'il allait très probablement causer un accident. Elle l'accompagnait même le soir au coucher, lui chuchotant que plus il mettrait du temps à s'endormir, plus il serait fatigué le lendemain et que cela diminuerait encore plus sa vigilance au volant.

À ce moment-là, l'histoire d'Ernest résonne en moi. Je me reconnais dans ses angoisses. J'ai moi-même eu des difficultés à conduire. Évitements importants, anxiété grandissante à l'idée de devoir prendre le volant, peur d'avoir un accident, peur de tuer quelqu'un, toutes ces pensées étaient très angoissantes. Durant quatre années après l'obtention du permis, je n'ai pas pu prendre la voiture, que ce soit seul ou accompagné. C'était tout bonnement impossible. Pourtant, lorsque j'ai commencé mon internat, j'ai dû faire les trajets pour aller au travail. Pas le choix, il n'y avait pas les transports en commun. Alors, malgré cette peur, j'ai conduit. Au début, je prenais les petites routes, l'anxiété était présente mais gérable : elle était bien là, durant les premières minutes de conduite, mais j'ai remarqué qu'elle finissait par baisser d'un cran au bout d'un certain moment. Je faisais l'expérience de ce qu'on appelle **l'habituation**. Puis, progressivement, après plusieurs semaines, je me suis surpris à ne plus ressentir cette peur sur les petites routes, alors j'ai tenté les axes avec plus de circulation. À ce moment précis, il y a bien eu un retour de l'anxiété, mais c'était encore une fois gérable. Exposition après exposition, j'ai expérimenté un deuxième phénomène : **l'extinction**.

Autant il y a quelques années je ne me serais jamais autorisé à livrer des éléments de mon histoire personnelle avec mes patients, autant aujourd'hui je n'ai aucun complexe à en parler. Oui, la personne qui reçoit les patients, qu'elle porte la blouse ou non, a aussi ses propres bagages. Apporter un témoignage sur l'expérience vécue, sans pour autant déverser toute son histoire (le patient n'est pas là pour l'entendre), je pense que cela peut avoir un côté thérapeutique. En tout cas, c'est ce que j'ai pu observer lors de certaines consultations et avec les retours des patients. À l'évocation de mon histoire, Ernest semble rassuré. Il est d'accord pour entamer une psychothérapie comportementale afin d'apprivoiser sa phobie.

Habituation

L'habituation est un terme qui est employé en thérapie cognitive et comportementale (TCC). Il désigne ce phénomène biologique et universel selon lequel notre anxiété évolue face à une situation redoutée. Celle-ci connaît trois phases. La première, très rapide, correspond à la montée d'anxiété rapide (A). Puis vient une phase de plateau (B), où l'anxiété reste à un seuil désagréable. Là, on se dit que ça ne va jamais finir et qu'il est préférable de s'échapper de cette situation. Mais, de façon naturelle, l'anxiété ne restera pas indéfiniment à ce plateau. En effet, au bout d'un certain temps, plusieurs dizaines de minutes parfois, l'anxiété finit par diminuer, puis disparaître (C). L'habituation, c'est ce que l'on cherche à obtenir en TCC lorsque l'on fait des exercices d'exposition.

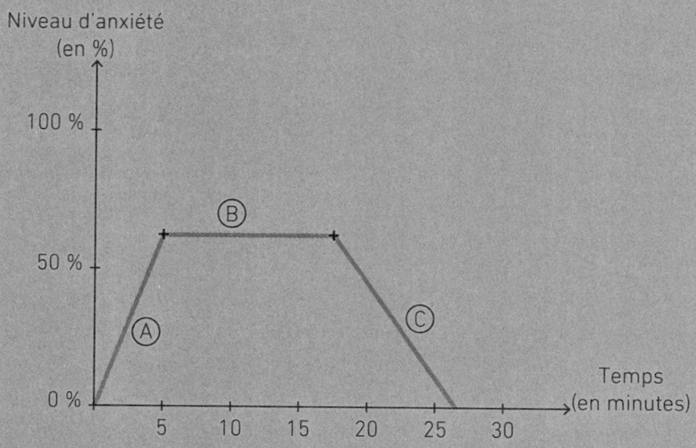

HABITUATION

Extinction

L'extinction est, comme l'habituation, un phénomène biologique et universel. Plus on va répéter un même exercice d'exposition permettant d'obtenir une habituation, moins l'anxiété montera haut et durera dans le temps. Cela aboutira à une disparition progressive de l'anxiété dans la situation redoutée (par exemple : ma conduite sur de petites routes) et nous pourrons alors essayer un exercice plus difficile (comme la conduite sur une grande route).

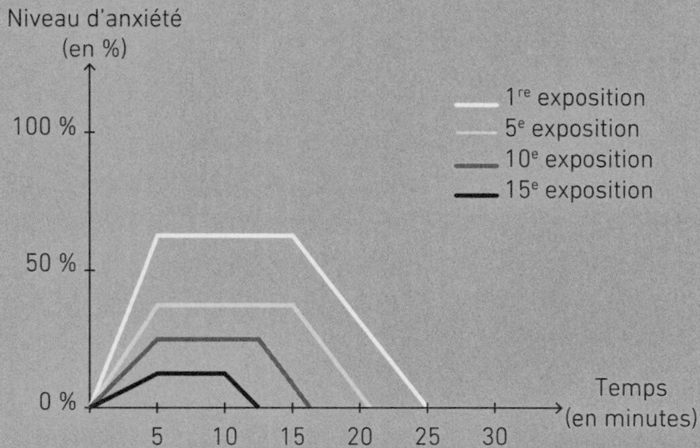

EXTINCTION

Amaxophobie (phobie de conduite d'un véhicule)

L'amaxophobie, la peur de la conduite d'un véhicule, fait partie de la grande famille des phobies spécifiques. Tout comme la phobie des serpents (ophidophobie), la phobie de l'avion (aérophobie) ou même encore la phobie de l'orage (brontophobie), ces troubles sont caractérisés par la survenue d'une anxiété intense, provoquée par la confrontation à l'objet ou à la situation redouté. La peur est qualifiée d'excessive par rapport à la dangerosité de l'objet (par exemple : ça n'est pas excessif d'avoir peur d'un mamba noir, serpent parmi les plus venimeux du monde, mais ça commence à l'être d'avoir peur d'une petite couleuvre inoffensive de nos régions). Comme dans tous les troubles anxieux, pour se protéger de cette peur, le sujet va mettre en place des conduites d'évitement, qui apaisent sur le moment mais ne font que confirmer au cerveau que la situation est bel et bien dangereuse, majorant le comportement phobique.

Et vous, à votre avis, souffrez-vous d'une phobie ? Quelle est-elle ? Comment se manifeste-t-elle ?

Pause-café

Exercice : la posture du héros

Dans notre quotidien, nous sommes tous confrontés à diverses situations anxiogènes. Que ce soit le cas d'une authentique phobie, comme chez Ernest, ou bien plus largement des moments de stress comme un examen, un rendez-vous, un entretien d'embauche, etc. Je vous propose un petit exercice qui permet de booster sa confiance en soi juste avant la survenue de l'un de ces petits événements (l'exercice a été proposé à Ernest dans le cadre du stress qu'il éprouvait avant une présentation de dossier devant son équipe). Cet exercice me vient de la série *Grey's Anatomy*, où une chirurgienne pratiquait systématiquement cette astuce avant une opération, afin de ressentir l'âme de conquérante qui sommeillait en elle.

Tout d'abord, il vous faut identifier la musique qui vous procure une grande émotion, ce sera votre chanson qui vous accompagnera pour cet exercice. Pour vous donner un exemple, la mienne est celle du film *Le Monde de Narnia, Chapitre 1 : Le Lion, la Sorcière blanche et l'Armoire*, lors de la bataille finale (les connaisseurs, levez la main !). Une fois la chanson identifiée, lancez-la et levez-vous. Debout, jambes légèrement écartées, les pieds bien ancrés au sol, fermez vos poings et venez les poser sur le haut des hanches. Bombez le torse, levez la tête et fermez les yeux. En prenant de grandes inspirations, imaginez-vous être cette personne qui a le pouvoir d'accomplir de grandes choses. Visualisez le pouvoir infuser votre corps, donnez-lui une couleur, voyez l'énergie qui parcourt tous vos membres et qui rayonne hors de vous. Imaginez-vous réaliser avec succès l'action qui nécessite ce courage. Prenez le temps de la chanson. Une fois finie, ouvrez les yeux et partez conquérir votre destin.

Notez ici la musique qui vous vient spontanément en tête et que vous utiliseriez pour cet exercice (le plus important, c'est que ce soit une musique qui vous fasse vibrer) :

....

....

En panne d'idées ? Pas d'inquiétude, je vous propose mon top 3 de musiques dites « épiques » :

- *Le Monde de Narnia, The Battle Song* ;
- *Buffy contre les vampires, The Final Fight* ;
- *Pirates des Caraïbes, Marry Me.*

Sam et son trouble du spectre autistique

LA DIFFÉRENCE, CELLE QUI DÉRANGE !

Ce matin, je reçois Sam pour la première fois à mon cabinet. Il vient me consulter parce qu'il rencontre des difficultés dans ses relations avec l'autre, d'une manière générale, mais elles sont tout particulièrement mal vécues dans sa vie de couple, assez singulière. En effet, Sam est homosexuel et vit en « trouple » (trois personnes en relation amoureuse exclusive). J'accueille évidemment sans jugement chaque personne pour ce qu'elle est, avec toute la bienveillance et la compassion dont elle a besoin. Et Sam, il en a grandement besoin ce jour-là ! Il est au fond du gouffre. Il est fatigué, épuisé par une vie somme toute particulière elle aussi.

Il me raconte son histoire et plus il la développe, plus je sens mon bassin s'enfoncer profondément dans mon assise. Les bras m'en tombent à chaque nouvelle épreuve de vie qu'il me mentionne. Vous savez, il est de ces personnes qui vous donnent d'incroyables leçons de vie et Sam en fait partie. Si une quelconque fée vient se pencher sur certains berceaux, elle en oublie clairement quelques-uns au passage. Il n'y a aucune raison de comparer les situations, les histoires de vie et leurs souffrances puisque chacun possède sa propre sensibilité, ses propres ressources et ses propres capacités de résilience. Pour donner un ordre d'idées, certaines personnes viennent me consulter avec une seule des problématiques de Sam et elles sont déjà très fragilisées (ce qui est normal étant donné le vécu), mais Sam, à lui seul, cumule au moins six problématiques qui impactent indéniablement une vie.

C'est la première fois que je me sens si vulnérable en pleine consultation. Je me sens ainsi parce que je ressens profondément sa détresse et cela me coûte de garder mon cadre et ma posture pour prendre de la distance. Sam m'explique qu'il a été détecté enfant précoce par le passé, avec un trouble du spectre autistique (TSA) de type Asperger. Il a toujours eu du mal à comprendre le fonctionnement des relations sociales et il s'est bien souvent perdu dans ce qu'il était bon de faire ou pas, pour lui ou pour les autres. Sam connaît un abandon dès sa naissance puisque son père, ayant trompé sa mère pendant la grossesse, quitte le foyer et sa mère mène à terme sa grossesse seule. Sauf que, quelques semaines après son accouchement, les médecins lui décèlent un cancer. Elle est si affaiblie qu'elle confie son dernier enfant, Sam, à sa grand-mère qui va l'élever lorsqu'il n'a que quelques semaines jusqu'à ses 8 ans. Il n'est alors pas étonnant que Sam exprime clairement une blessure d'abandon. Lorsqu'il retourne chez sa mère du haut de ses huit printemps, il ne la connaît finalement que très peu, de même que ses deux frères beaucoup plus âgés qui sont restés avec elle. À ce moment-là, il a l'impression que sa grand-mère l'abandonne à nouveau en le rendant à sa mère.

Sam, de par son TSA, a besoin de stabilité, de routine pour éviter d'être perturbé et il déteste profondément le changement. Pourtant, il n'a jamais vécu dans la stabilité. Lors d'une mauvaise rencontre sur Internet, à l'âge de 14 ans, il subit un viol dont l'agresseur est un adulte. Sa mère dépose plainte. C'est le dernier psy qu'il ait vu, celui de la gendarmerie, car, bien qu'il fût enfant, il a dû prouver qu'il n'était pas consentant. Nous sommes en plein débat de société. Sa mère lui reprochera, lorsqu'elle apprendra son homosexualité quelques mois plus tard, d'avoir bien cherché ce viol qu'il a subi. Son père, lui, à l'annonce de son coming out et alors que leur relation était déjà très sommaire, lui dira : « Je préfère avoir un fils mort qu'un fils *homosexuel* ! » (Pour ne pas employer le mot vulgaire que Sam me cite à ce moment-là.)

Je suis effarée du détachement dont il fait preuve lorsqu'il me raconte toutes ses épreuves de vie, mais je dois sans cesse me rappeler qu'avec son trouble autistique, il n'exprime pas ses émotions, que cela soit au niveau du faciès ou de son expression verbale. Le ton est toujours le même, monotone, l'expression émotionnelle est toujours neutre, sauf lorsqu'il parvient à laisser venir quelques larmes en me parlant de sa grand-mère aujourd'hui décédée. Dans son parcours, Sam va enchaîner les mauvaises rencontres, reproduisant toujours les mêmes schémas de relations toxiques. Il va frôler, quelque temps, la prostitution tant il ne comprend pas les attentes des autres alors qu'il veut tout faire pour entrer en relation. Entre ses blessures émotionnelles, ses différents traumatismes et son TSA, c'est une cacophonie intérieure qui l'habite et je comprends qu'il se sente épuisé.

Je le trouve très courageux de demander ainsi de l'aide à 27 ans et de ne pas lâcher, malgré plusieurs tentatives de suicide entre son adolescence et il y a quelques mois à peine. Il y a de ces séances qui me retournent l'estomac. J'en vis comme celle-ci de temps en temps. Elles sont de celles qui attrapent le corps et le cœur. Si je m'écoutais, je sortirais de ma posture et je le prendrais dans mes bras. Je ne suis même pas sûre qu'il apprécierait, mais je crois que je le ferais avant tout pour moi, pour lui montrer que je suis là, qu'il n'est pas seul et que je l'ai entendu. C'est avec ce genre de personnes que l'on sait où l'on en est avec notre syndrome du sauveur. Mon hypersensibilité et mon empathie naturelle peuvent me faire me sentir vulnérable face à ces personnes-là, néanmoins, tant que je suis dans ma posture, rien ne semble m'ébranler. C'est lorsqu'il s'en va que mon empathie me joue des tours. J'y pense tout au long de la journée, encore un peu durant la soirée une fois rentrée chez moi… puis cela s'en va. C'est dans ces moments-là que je prends d'autant plus conscience que nous sommes humains avant d'être thérapeutes. Je vais suivre quelque temps Sam, mais il est d'une instabilité déroutante. Il appelle à l'aide, disparaît, réapparaît parfois à des moments inopportuns. Je suis en contact avec la psychologue qui le suit, elle aussi, de manière hachée, au bon vouloir de Sam. Ce cas est complexe et demande clairement une attention pluridisciplinaire.

Trouble du spectre autistique (TSA)

Le trouble du spectre de l'autisme (TSA), ou plus communément appelé « autisme », est défini comme un trouble neurodéveloppemental, c'est-à-dire qu'il concerne le fonctionnement du cerveau. Il est donc « constitutionnel » de l'individu, il est présent dès sa naissance, et même probablement avant. On ne peut donc pas développer un TSA à l'âge adulte, celui-ci est présent depuis toujours. Les causes exactes de survenue ne sont pas encore connues avec précision, mais il semble qu'il y ait un ensemble de facteurs prédisposant à cela. Dans tous les cas, les personnes qui ont un TSA vont présenter certains symptômes qui peuvent varier en intensité au fil du temps, et même d'une personne à l'autre. On comprend alors qu'il n'existe pas une seule présentation de l'autisme, il en existe plein !

…

Parmi ces symptômes, nous pouvons trouver des particularités dans la communication (verbale et non verbale), les comportements (intérêt majeur et restreint pour un sujet, des rituels, etc.) et également des difficultés dans les interactions sociales.

Le terme « Asperger » n'est plus vraiment utilisé aujourd'hui, mais désignait autrefois les personnes avec des TSA dits « sans déficit intellectuel ni retard d'acquisition du langage ».

Pour plus d'informations, je vous invite à plonger dans des lectures sur ce thème, comme l'ouvrage intitulé *L'Autisme expliqué aux non-autistes*[5]. Il en existe une multitude et expliquer en détail les TSA dans un petit encart serait bien trop réducteur ! Je vous invite ainsi également à regarder la courte vidéo « Mon petit frère de la lune » de Frédéric Philibert sur YouTube, qui illustre de façon très accessible le TSA.

5. Harrisson Brigitte et St-Charles Lise, *L'Autisme expliqué aux non-autistes*, Marabout, 2018.

Le regard du psy

Il y a des situations comme celle de Sam qui impactent notre posture de thérapeute, ou peut-être plutôt celle d'humain. Qui peut rester insensible face à ces propos ? Dans l'histoire de Sam, il semble exister de multiples problématiques qui s'intriquent les unes aux autres, donnant un tableau atypique, mais qui ont pour conséquence commune sa souffrance. Difficultés relationnelles, difficultés à comprendre le monde, blessures d'abandon, histoire de vie compliquée marquée par des dépressions et autres psychotraumatismes, ça en fait des bagages pour un jeune homme ! Pour Sam, un accompagnement multiple paraît essentiel, et j'imagine aisément que cela doit être le cas sur le plan psychiatrique (psychiatre et psychologue) car, face à des situations complexes comme celles-ci, un suivi médical est essentiel, et se retrouver seul thérapeute est délicat. C'est là tout l'intérêt d'un travail multidisciplinaire : chaque professionnel joue un rôle dans la prise en charge et tous se complètent.

Et vous, quelles émotions
sont particulièrement présentes dans votre vie
en ce moment ?

Pause-café

Exercice : couleurs et sensations

Savez-vous identifier vos émotions ? Pour mieux appréhender ces variations émotionnelles, il est intéressant de revenir dans le corps, de ressentir pleinement ce que vous vivez, ici et maintenant, lorsque l'émotion se présente. Vous n'avez pas à avoir peur de vos émotions et de ce qu'elles vous font vivre. Une émotion n'est qu'une… émotion. Elle ne vous définit pas, elle ne reste pas toute une vie accrochée à vos basques, elle ne fait que vous traverser. Que vous soyez à l'aise avec vos émotions ou non, vous pouvez tout simplement observer ce qu'elles vous font vivre dans votre corps, sans les mentaliser, sans les interpréter, sans les juger, juste observer les sensations corporelles qui se présentent lorsqu'elles sont là. Ainsi, vous revenez au présent, aux sensations et vous ne donnez pas plus de coffre mental à ces émotions qui vous traversent.

Que se passe-t-il dans mon corps…

… lorsque je ressens de la peur ?

… lorsque je ressens de la colère ?

… lorsque je ressens du dégoût ?

… lorsque je ressens de la tristesse ?

… lorsque je ressens de la joie ?

…

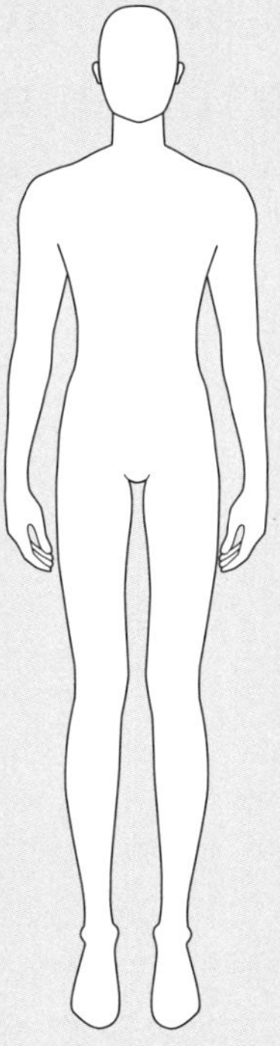

Si vous rencontrez certaines difficultés à décrire ce qu'il se passe dans votre corps lorsqu'il vit une émotion, vous pouvez aussi colorier sur cette silhouette, les espaces de votre corps où vous ressentez les différentes sensations en fonction des émotions. Choisissez une couleur qui reflète au mieux l'émotion selon vous.

Pour moi, par exemple, la colère est rouge et elle se situe surtout aux extrémités (mains et pieds) avec l'envie de donner des coups, mais aussi la gorge puisque j'ai envie de crier. La joie, elle, est plutôt jaune, comme un rayon de soleil avec une sensation de chaleur dans le plexus, le cœur et les jambes qui ont envie de sautiller partout. À vous !

Une anxiété de séparation pour Axel et sa maman

MAMAN, EST-CE QUE TU VAS MOURIR ?

« Bonjour Axel ! Bonjour madame ! Je suis Hippolyte, le médecin qui va vous recevoir. On y va ? » dis-je d'une voix calfeutrée par le masque qui fait désormais partie de notre quotidien. À ma vue, Axel se réfugie derrière les jambes de sa mère, me fuit du regard. Je perçois des larmes séchées, qui ont dû couler le long de ses joues quelques minutes auparavant.

Du haut de ses 6 ans, il n'est pas évident de comprendre qui est ce monsieur qui vient les accueillir, ni quel est ce bâtiment bizarre, où il y a d'autres enfants. Bah oui ! Ça ne ressemble ni à une école ni à un centre aéré. Il y a bien des dames à l'entrée qui nous ont accueillis, mais ce n'étaient pas des maîtresses. Il y a bien des jeux dans cette grande salle où l'on nous a demandé d'attendre, mais les enfants ont parfois l'air triste et certains n'ont pas osé les toucher. Et puis, il y a ce grand monsieur, là, qui vient de nous adresser la parole, mais on ne dirait pas un moniteur de colo. « Où suis-je ? » doit sans doute se demander Axel.

Heureusement, dans ce type de structure, nous ne portons pas de blouse, cela aide ! D'une manière générale, sur mes lieux de travail, je n'apprécie pas tellement la blouse. Elle est certes pratique pour y ranger toutes mes babioles : stylos, Post-it® volants et même papiers de gâteaux et de bonbons attrapés au vol en salle de pause (mon secret est dévoilé !), mais je trouve qu'elle marque une certaine distance avec le patient, surtout avec les enfants. En tout cas, lors de ce stage de pédopsychiatrie, nous ne la portons pas, et tant mieux.

À la découverte du bureau, les yeux d'Axel changent. Il y en a des choses à observer ! Il peut perdre son regard au loin dans la montagne des trolls en Legos®, ou bien s'aventurer sur le royaume des confettis où des figurines de super-héros prennent paisiblement le thé dans la maison de poupée, en compagnie de princesse Pénélope aux cheveux dorés. Il flotte aussi dans l'air l'odeur de la pâte à modeler aux couleurs de l'arc-en-ciel, sans oublier que l'on peut apercevoir un peu plus loin les tonnes de feutres et les jeux de société en tout genre. Malheureusement, Covid oblige, Axel ne peut pas toucher à tout.

De toute manière, il ne quittera pas sa mère durant tout l'entretien. Pendant plus d'une heure, nous faisons le point : madame m'explique le quotidien à la maison, marqué par les pleurs, les cris, la violence… Elle est à bout, elle n'en peut plus, le rythme des journées dépend du petit bonhomme qui semble pourtant tellement innocent : il est là, sagement assis sur sa chaise, faisant abstraction de toutes ces tentations ludiques et osant à peine bouger. La sœur de madame ainsi que ses meilleures copines lui ont parlé de caprice, du manque d'autorité, et son père à elle lui avait rabâché qu'il fallait « serrer la vis » car sinon, il continuerait d'en profiter et l'adolescence serait un véritable calvaire. Ce type de motif est quotidien dans les consultations à cet âge (6-9 ans) et, nous le savons bien, c'est par la colère et les pleurs que les enfants manifestent le plus leur souffrance.

Alors, je prends le temps de creuser l'histoire et nous remontons loin, très loin : le vécu de la grossesse, l'accouchement, le séjour à la maternité, le retour à la maison, la petite enfance. Tout y passe : l'alimentation, le sommeil, la sociabilité, la motricité, etc. Pour avoir discuté avec des amis parents qui avaient déjà eu l'occasion de consulter un pédopsychiatre, les premiers entretiens peuvent ressembler à un véritable interrogatoire policier, car, nous, pédopsychiatres, sommes très curieux, et posons beaucoup de questions… vraiment beaucoup ! L'important est de préciser d'entrée de jeu pourquoi cela nous intéresse. Loin de nous l'idée d'être intrusifs et de connaître de manière voyeuriste chaque détail, chaque bribe d'histoire, mais en connaître suffisamment pour comprendre ce qui peut expliquer la souffrance actuelle de l'enfant est une nécessité.

Pour Axel, il est ressorti que les difficultés ont toujours été présentes, du plus loin que se soit souvenue sa maman. Tout petit déjà, il pleurait beaucoup, il avait besoin d'être consolé en permanence La grossesse a été marquée par plusieurs événements, notamment un qui reste douloureux à son évocation : le décès du père de madame à six mois de grossesse, entraînant une tristesse intense, suivie par une menace d'accouchement prématuré nécessitant pour elle une mise au repos stricte durant les dernières semaines. Beaucoup d'inquiétudes, d'angoisses, qui ont continué après la naissance. « Je ne pouvais pas le laisser seul », m'a précisé la maman. « Ni à des amis ni à ma mère », a-t-elle ajouté. Impossible aussi pour madame de partir aux courses sans son fiston. L'entrée en maternelle et les premiers contacts sociaux ont été laborieux, les crises ont commencé à ce moment-là. Des crises de larmes avant d'aller à l'école, des couchers du soir interminables à cause de maux de ventre.

Axel souffre d'une authentique anxiété de séparation. Après avoir expliqué les choses avec des mots d'enfant à Axel, sa mère semble un peu plus rassurée, et lui également. Je lui explique alors que, fort heureusement, l'anxiété de séparation se traite et que cela peut améliorer le quotidien à la maison. Cela peut prendre la forme de différents exercices, qui se font avec les parents, mais aussi sans eux. Des exercices à la maison, et ici, au centre médico-psychologique (CMP). Je propose alors tout cela à ce jeune garçon et aussi, à madame, quelques astuces à mettre en place dès le retour à domicile. Poser un cadre est essentiel pour le bon développement de son enfant, le rassurer et le valoriser dans ses progrès l'est encore plus.

Anxiété de séparation

L'anxiété de séparation fait partie de la grande famille des troubles anxieux. Elle est définie par la survenue d'une anxiété lorsque le sujet est séparé des personnes auxquelles il est attaché. Cela peut se manifester de plein de façons différentes, comme un refus d'aller à l'école, des crises de larmes lors du coucher, des maux de ventre lorsque l'on doit s'absenter, la présence de grosses colères, etc. Tous ces symptômes traduisent une détresse chez l'enfant qui craint qu'un malheur puisse arriver à sa figure d'attachement et qu'il puisse la perdre. Chez les plus petits, il n'est pas rare d'observer certains de ces signes sans que cela ne prenne un caractère pathologique. Cependant, si cette anxiété entraîne des répercussions dans le quotidien, cela peut être intéressant de demander un avis médical.

Centre médico-psychologique (CMP)

Les CMP, centres médico-psychologiques, sont des établissements spécialisés en santé mentale qui font partie de l'hôpital public. Dans ces endroits, qui ressemblent à des maisons de santé, divers intervenants travaillent : psychiatres, psychologues, infirmiers, travailleurs sociaux, secrétaires et, plus spécifiquement, selon les CMP, on peut également trouver des orthophonistes, ergothérapeutes, psychomotriciens, etc. Le rôle de ces structures est de recevoir les patients lors de consultations spécialisées. En tant qu'établissement public, tout le monde peut y consulter, quel que soit l'âge, quelle que soit la problématique, du moment qu'elle touche à la santé mentale. Pour demander une consultation, il n'est pas nécessaire de passer par son médecin traitant. Il suffit de trouver quel est le CMP le plus proche de chez soi et d'appeler. Bien souvent, un premier rendez-vous est proposé avec un ou une infirmière pour faire un recueil de la problématique et, selon les difficultés rencontrées, il est suggéré au patient de rencontrer tel ou tel professionnel afin d'approfondir les choses et envisager une prise en charge adaptée.

Pour Axel, c'est le fait d'être loin de sa maman qui le rend anxieux.

Et vous ? Est-ce que vous identifiez une ou des situations dans lesquelles vous ressentez une boule dans le ventre ? Un nœud dans la gorge ? Quelles sont-elles ?

Pause-café

Exercice : la jarre des petites fiertés

Bien souvent, dans notre quotidien, nous avons tendance à banaliser nos petites victoires. On se dit : « Ce n'est rien » ; ou bien : « Tout le monde peut le faire. » Pourtant, lorsque l'on prend le temps de réfléchir à toutes ces petites choses que nous avons accomplies et que nous nous autorisons à en tirer de la fierté, on se rend compte qu'il existe beaucoup de choses dont nous pouvons être fiers. Cela peut prendre l'apparence de grands accomplissements : « Je suis fier d'avoir réussi un examen » ; mais cela peut également se traduire par de petits accomplissements qui ont toute leur importance, si ce n'est plus, car plus fréquents : « Je suis fier d'être allé chercher le pain à la boulangerie » ou encore « Je suis fier de m'être levé ce matin », etc.

Je vous mets au défi de prendre 5 minutes pour remplir cette petite jarre de fierté et de trouver cinq petites choses pour lesquelles vous ressentez une grande satisfaction !

Pour aller un peu plus loin : lors de votre prochaine brocante ou vide-grenier, je vous invite à chiner une jolie jarre en verre, dans laquelle vous glisserez des fiertés sur de petits bouts de papier. Quotidiennement, prenez cette nouvelle habitude d'y déposer une fierté par-ci, une autre par-là. Jour après jour, la jarre se remplira et, lorsque vous prendrez un temps pour relire tous ces petits mots, c'est un sentiment agréable d'accomplissement que vous ressentirez. C'est tout simple, mais ce sont souvent les choses les plus simples qui font la différence.

Michel, le psychologue en thérapie

QUAND LE CORDONNIER EST LE PLUS MAL CHAUSSÉ

J'ai rendez-vous avec un homme aujourd'hui, Michel. Des hommes, j'en reçois très peu à mon cabinet. Parce qu'ils consultent moins que les femmes ? Parce que je me suis spécialisée dans l'accompagnement des traumatismes, d'autant plus dans les violences sexuelles, et qu'ils en sont statistiquement moins victimes ? Parce que je ne suis pas forcément à l'aise avec eux ? Un peu de tout cela peut-être ?

Qu'importe ! Aujourd'hui, Michel, 55 ans, est devant moi pour la première fois. Il me fait penser à mon professeur de musique au collège : cheveux grisonnants ébouriffés et dégarnis, chemise à carreaux à l'odeur de naphtaline, pantalon en velours et un regard qui me laisse une drôle de sensation dans le dos. J'ai appris deux choses à mon école de sophro-analyse. La première : accueillir chaque personne comme elle est, sans jugement, avec un regard neutre et une posture bienveillante. La deuxième : prêter attention au jeu de transfert et de contre-transfert[6] qui se produit en thérapie. J'ai l'impression qu'être assise en face de Michel, de par mes *a priori* et mon ressenti personnel, me fait bafouer tout ce que l'on m'a appris. J'observe ce qu'il se passe en moi à cet instant afin de pouvoir mieux le mettre à distance durant notre consultation et rester au plus près de ma posture neutre et de mon regard bienveillant. L'humaine derrière la thérapeute respire un grand coup et la sophro-analyste reprend les devants.

Michel m'explique qu'il est psychologue depuis plus de vingt ans et qu'il n'a jamais suivi de thérapie jusqu'ici. Il a simplement consulté un psychiatre à l'armée, lorsqu'il avait une vingtaine d'années et qu'il traversait une période compliquée à ce moment-là. Me voilà face à un psychologue, avec une expérience professionnelle bien plus grande que la mienne, ce qui vient encore plus me déstabiliser. Mais qu'est-ce que je vais pouvoir lui apporter ? Je sais que je cherche des excuses pour essayer de fuir cette alliance thérapeutique que je ne souhaite pas construire. J'ai honte. Je suis mal à l'aise. Je me sens coupable de ne pas parvenir à rester dans ma posture. Mais

6. Voir encadré page 117.

plus il déroule le fil de son histoire et dévoile sa personnalité, plus je me fige sur ma chaise.

Il me dit avoir très peur des femmes, être très solitaire, névrosé, aux tendances sociopathes. Il me raconte son enfance et le comportement de sa mère tyrannique avec des comportements incestueux et combien cela l'obsédait de pouvoir rencontrer des femmes. Comme il n'y arrive pas dans son quotidien, pour les rencontrer, il va dans des clubs aux pratiques non conventionnelles. Il me dit, mot pour mot, avoir des « tendances sadiques » et que, lorsqu'il était enfant, il chassait ses pulsions et ses frustrations en tuant de petits animaux, alors qu'en fait, c'est sa mère qu'il voudrait tuer.

Je prends une pause intérieure parce que je me sens au bord de l'apoplexie. Je vais vous le dire. Je vais vous le dire ce que je ressens à ce moment précis : j'ai le sentiment d'être face à un potentiel agresseur, un prédateur, quelqu'un qui, par peur de l'autre, pourrait lui faire du mal et cette drôle de sensation dans le dos, c'était de la peur. Un frisson de peur. Cette première consultation est difficile pour moi. Il me jette un gros sac à trier, mais j'ai peur de mettre les mains dedans. Le contre-transfert vient me toucher dans des espaces de ma psyché qui ne sont pas tout à fait guéris en raison de mon histoire de vie. J'ai déjà été victime dans mon enfance. Ainsi, accompagner les victimes fait sens pour moi, mais me retrouver face à un potentiel agresseur, qui plus est aussi âgé, ce n'est pas du tout de mon ressort ni dans ma réalité objective.

Sauf que… je ne vais pas réussir à lui dire. Grossière erreur. À la fin de la consultation, nous reprenons rendez-vous ensemble, dans cette optique que « Je peux et je dois pouvoir regarder cet homme comme si c'était la première fois, sans *a priori*, sans jugement ». Mais une fois parti, je me sens encore plus mal parce que, pour ce rendez-vous, j'ai tout raté. TOUT. La mise à distance, le regard neuf et bienveillant, la compassion, l'empathie, la création de l'alliance thérapeutique, la congruence. Je suis tellement perturbée que j'appelle ma formatrice qui me suit depuis deux ans maintenant pour lui expliquer ce qu'il m'arrive et lui demander, surtout, comment faire. Elle me rassure sur mes compétences et mes capacités à suivre cet homme et m'indique que, si je ne souhaite pas le faire, cela n'est qu'une question d'envie et cela aussi, je peux l'honorer et le respecter. De toute façon, cela ne serait bénéfique ni pour lui ni pour moi, de poursuivre cet accompagnement thérapeutique ensemble.

Mais c'est difficile pour moi de l'appeler. Je me doute du courage qu'il lui a fallu pour venir me voir, moi, une femme, pour se confier, lui qui en a si peur (même si j'ai le sentiment qu'il ne m'a pas non plus choisie au hasard). Et puis, je crains sa réaction, je n'ai pas envie de le froisser et de renforcer son blocage. Mais je vais devoir lui dire maintenant. Je ne dois pas attendre la prochaine fois selon ma formatrice, cela risquerait d'être encore plus difficile pour lui. Alors, j'ose l'appeler. Je suis vraiment gênée de me retrouver dans cette situation, même si c'est par ces expériences-là que l'on apprend le plus. Évidemment, il le prend très mal et il ne comprend pas, ce que j'entends très bien. Je lui explique les enjeux de la thérapie et du contre-transfert qui n'est pas gérable de mon côté et je lui propose deux autres thérapeutes de confiance dans le coin. Lui m'explique, depuis sa posture de psychologue, que ce n'est pas à moi de gérer son transfert et que s'il m'a choisie, c'était pour une raison, qu'il ne veut pas d'autre thérapeute et qu'il est très vexé de ce rejet. Je rebondis sur le fait que, justement, avec seulement deux ans d'expérience, accompagner un psychologue fort de vingt ans d'expérience ne relève pas de ma réalité objective et que l'erreur que j'ai commise, c'est de ne pas lui avoir dit tout de suite. Je raccroche de ce coup de téléphone un peu sonnée, entre soulagement, gêne et remise en question. Cette seule consultation m'aura appris énormément de choses, autant sur moi par le contre-transfert, que pour mon métier et la congruence qu'il exige.

Psychiatre, psychologue, psychothérapeute, psychopraticien : quelles différences ?

Le **psychiatre** est un médecin qui a suivi une spécialité en psychiatrie générale durant son cursus d'études. Il est assermenté et il est le seul à pouvoir prescrire une ordonnance, délivrer une feuille de soins pour être remboursé par la sécurité sociale, ou encore, poser un diagnostic concernant la santé mentale d'un patient.

Le **psychologue**, lui, est titulaire d'un master en psychologie. Il possède donc un diplôme universitaire, puis a suivi un stage en psychologie clinique. Vous pouvez pratiquer une thérapie avec un psychologue, mais il n'est pas habilité à délivrer une ordonnance.

Le **psychothérapeute** est un professionnel de la psychothérapie dont le titre est réglementé. Par définition donc, les psychiatres, psychologues, psychanalystes qui ont été formés en ce sens à différentes techniques de psychothérapie sont considérés comme des psychothérapeutes. Le titre de psychothérapeute est protégé et reconnu par l'État.

Enfin, les **psychopraticiens** sont aussi des professionnels de la psychothérapie, mais dont il n'existe aucun titre. Tout le monde peut y prétendre dès lors qu'il a suivi une formation et exerce une méthode de soins psychothérapeutiques. Ainsi, la sophrologie, la sophro-analyse, l'hypnose, la PNL (programmation neurolinguistique), l'analyse transactionnelle sont des pratiques qui sont exercées par les psychopraticiens (s'ils n'ont pas de titre de psychiatre, de psychologue ou de psychanalyste...).

Le regard du psy

Quel thérapeute n'a jamais connu de situation similaire à celle-ci ? Je pense que l'on vit tous un jour ou l'autre la situation délicate qu'a vécue Amandine. Comment faire lorsqu'une personne, ici en l'occurrence le patient, rapporte des éléments qui réveillent des émotions désagréables, nous mettant en difficulté ? Il est donc tout à fait légitime de sentir qu'il se joue parfois des choses dans la relation. Malgré toute la neutralité que l'on incarne dans la posture de thérapeute, il se peut que, face à certaines situations, certaines histoires ou certains profils de patients, l'on soit nous aussi mis en difficulté.

L'important alors est de le percevoir, car cela peut avoir des conséquences dans la suite de la thérapie. Puis de s'autoriser à le verbaliser, mais surtout, de réorienter le patient vers un autre professionnel si l'on sent que l'on ne sera pas la personne qui proposera la meilleure prise en charge pour lui.

Et vous, comment sont exprimées les choses qui sont importantes pour vous au quotidien ? Diriez-vous qu'elles passent par une réaction particulière, une forme d'agressivité ? Les exprimez-vous calmement, avec bienveillance ? Ou alors êtes-vous plutôt dans le non-dit ?

Pause-café

Exercice : la Communication NonViolente®

Se mettre à l'écoute de l'autre est un exercice très enrichissant, mais qui n'est pas toujours des plus faciles. Il n'est pas plus simple d'oser dire des choses qui peuvent heurter la personne qui nous écoute, d'autant plus lorsque celle-ci est directement concernée.

La Communication NonViolente® (CNV), élaborée par Marshall B. Rosenberg, repose sur quatre points clés pour communiquer de façon bienveillante :

1. l'observation (ce que je vois) ;
2. l'émotion (ce que je ressens) ;
3. le besoin (ce dont j'ai besoin) ;
4. la demande (ce que je voudrais).

Avec ces quatre piliers, nous pouvons décrire une situation factuelle sans exagérer ou accuser qui que ce soit. Utiliser le pronom « je » pour ne pas parler à la place des autres[7], exprimer son besoin et enfin faire une demande claire sans exiger, en vérifiant que la personne en face accepte.

Entrez en C O M M U N I C A T I O N.

7. L'idée est d'éviter le « tu » qui tue.
(Note de l'éditeur : voir à ce propos : Salomé Jacques et Galland Sylvie, *Si je m'écoutais… je m'entendrais*, Les Éditions de l'Homme, 2003 et Salomé Jacques, *Parle-moi, j'ai des choses à te dire*, Pocket, 2011.)

Pour cela, exercez-vous ! Trouvez une situation où la mauvaise communication vient entacher votre quotidien (avec votre conjoint·e, vos collègues de travail, vos amis, votre patron, etc.) et essayez de pratiquer cet exercice de CNV en amont.

Le sujet de discorde :

....

....

....

L'observation (je décris les faits) :

....

....

....

L'émotion (je décris ce que je ressens en utilisant « je ») :

....

....

....

Le besoin (je trouve le besoin qui se cache derrière cela) :

....

....

....

La demande (j'exprime clairement ce que je voudrais) :

....

....

....

Les ruminations anxieuses de Madeleine

CE N'EST PAS LA PLEINE LUNE, ET POURTANT...

Installé tranquillement à la table qui me sert de bureau dans la chambre de garde de l'hôpital, je jette un œil sur mon téléphone. Il est minuit passé. J'ai déjà mangé depuis un petit moment. La tête plongée dans la lecture de quelques articles sur l'anorexie mentale, j'essaie de m'occuper l'esprit pour rester éveillé car, je le sais, les appels en pleine nuit sont les pires pour moi. D'une manière générale, les gardes ne sont pas ma tasse de thé. Être de permanence de soins toute la nuit, de 18 h 30 à 8 h 30, ce n'est clairement pas fait pour moi. À chaque fois, j'ai cette impression de perdre des années de vie à cause de l'anxiété que je ressens pour ces gardes. Ne pas savoir quand on va être appelé, ne pas connaître le motif de l'appel. Ça peut aller aussi bien de la crise d'angoisse, qui se gère plutôt bien à la décompensation psychotique[8] d'un patient agité. Vous l'aurez compris, dès que la sonnerie du téléphone retentit, ça bat la chamade à tout rompre dans ma poitrine, et la décharge d'adrénaline se répand dans tout mon corps.

---

8. Augmentation de la symptomatologie du fait d'un événement précipitant (arrêt de traitement, prise d'alcool, choc émotionnel, etc.), se traduisant par divers symptômes, comme par exemple une majoration des hallucinations, ou bien même la présence d'idées délirantes plus prononcées.

Quelques dizaines de minutes plus tard, je reçois l'appel tant redouté : « Allô, l'interne de garde ? C'est l'urgentiste. Je viens de recevoir une patiente qui est arrivée très angoissée. Elle n'est pas bien, j'aimerais que tu viennes donner un avis s'il te plaît. » Après quelques échanges complémentaires pour avoir un peu plus d'informations, je suis plutôt serein, la situation semble peu compliquée à gérer, mais je me méfie, car l'expérience des gardes m'a appris qu'il fallait toujours garder l'esprit alerte. J'enfile donc ma blouse (tout dépend des hôpitaux, mais ici aux urgences je dois la porter), j'y glisse deux stylos (règle numéro 1 : toujours avoir deux stylos, au cas où il y en ait un qui nous lâche en pleine prise de notes) et je fais attention à ne pas oublier mon badge magnétique, le « passe-partout » qui ouvre toutes les portes et surtout qui permet de prendre les raccourcis secrets de l'hôpital !

Il fait froid cette nuit. Nous sommes au mois de janvier, l'hiver est installé, il dépose son givre sur les pare-brises des voitures. Critch, critch ! Je traverse la petite étendue d'herbe déjà gelée, manque de glisser sur une petite plaque de verglas, puis j'arrive devant les urgences de l'hôpital général et m'y engouffre. L'ambiance est faussement calme. À peine la double porte des urgences poussée, le brouhaha nocturne me fait vibrer les tympans. Le bip des moniteurs d'un côté, des bribes de conversation d'une patiente au téléphone de l'autre. Je distingue aussi le bruit des roulettes d'un brancard, tout autant de bruits qui sont déjà présents en journée, mais qui semblent amplifiés à cette heure tardive. Je m'approche du bureau des urgentistes, qui ressemble à une véritable tour de contrôle : il y a cinq ordinateurs disposés côte à côte devant des vitres qui donnent directement sur le box de consultation.

« Oui, bonsoir (ou bonne nuit ? Je ne sais jamais ce que l'on doit dire à cette heure-là), je suis l'interne de psy, je viens voir Mme X [que nous appellerons Madeleine]. » Silence… Il faut dire que je n'ai pas une voix qui porte beaucoup, mais quand même ! Je répète un peu plus fort, en m'affirmant. « Ah oui, c'est moi qui t'ai appelé », me lance un médecin d'une quarantaine d'années à l'autre bout de la pièce. Il tient dans une main ce qui semble être une radiographie thoracique, tandis que l'autre est posée sur une souris d'ordinateur. Il replonge aussitôt le regard sur l'écran. « Je ne sais pas ce qu'ils ont, on n'arrête pas ce soir. Ta patiente est dans le box 3, elle t'attend, mais, je te préviens, elle est hyperanxieuse. » Je lève les yeux et aperçois ledit box à travers la vitre : assise sur le bord du brancard, le regard fixé sur son sac à main, qu'elle tient fermement sur ses genoux, ma patiente a l'air plutôt calme.

Madeleine se redresse lorsque j'entre dans la pièce :
– Bonsoir madame, je suis le psychiatre de garde.
– Bonsoir docteur, me répond-elle d'une voix chevrotante.
– Je viens vous rencontrer à la demande de l'urgentiste, afin de discuter de ce qui vous amène ici, aux urgences.
– J'angoisse docteur, je n'arrive pas à trouver le sommeil, ça tourne en boucle.

Je lui demande alors si elle me permet de m'asseoir pour que l'on puisse être plus à l'aise pour échanger. Elle acquiesce. Je me saisis alors du tabouret à roulettes qui traîne dans un coin du box et m'installe, crayon et papier en main, pour noter les éléments importants. Je reprends les éléments que j'ai déjà en tête, en lui demandant quelques précisions. Ancienne professeure de mathématiques, elle a pris sa retraite il y a maintenant cinq ans. Son métier l'a passionnée des années durant. Elle m'explique avoir gardé son amour pour ses élèves, qu'elle recroise au détour d'une ruelle ou lorsqu'elle va promener son chien le dimanche matin au jardin botanique du coin. Elle attend le printemps avec impatience, pour renaître, car elle se sent fanée et terne en cet hiver mordant.

Après quelques minutes d'échange, je me rends compte que cette patiente est déjà suivie par un psychiatre en libéral pour une dépression, qui s'est déclenchée suite à plusieurs événements compliqués, dont un divorce il y a un an. Le poids de la solitude pèse chez cette jeune grand-mère déjà bien préoccupée par le bien-être de ses enfants et petits-enfants. En regardant son ordonnance, je vois que son médecin lui a déjà prescrit un traitement antidépresseur il y a tout juste deux semaines. Je la rassure, lui expliquant qu'un traitement comme le sien met au moins trois semaines avant d'agir sur les symptômes, que ce soit ceux de la dépression ou ceux de l'anxiété. D'ailleurs, concernant son niveau d'anxiété, il n'est finalement pas si élevé que cela ou, du moins, l'entretien semble avoir eu cet effet anxiolytique naturel. C'est aussi ça la psychiatrie, c'est prendre le temps. Il y a certes des situations d'urgence où le dialogue est compliqué et où il faut savoir réagir vite par la prescription de médicaments, mais généralement on peut prendre le temps de s'asseoir, le temps d'écouter, le temps d'échanger, que n'ont pas forcément les équipes aux urgences, ce qui s'entend tout à fait. Nous échangeons alors sur ses préoccupations, sur les phénomènes de rumination qu'elle vit quotidiennement. Celles-ci prennent la forme de bavardages mentaux incessants, autour d'éléments du passé. Des « J'aurais dû » ou des « Si c'était à refaire » qui hantent ses journées mais surtout ses nuits.

Souvent, les patients ont cette très grande appréhension de venir aux urgences pour un problème psychique. La peur de déranger, l'illégitimité à ressentir cette souffrance, la culpabilité de « prendre du temps au médecin alors que d'autres sont plus en souffrance » et, surtout, une peur majeure : celle d'être hospitalisé en psychiatrie, ce lieu méconnu. Après évaluation, il ressort donc que Madeleine n'a pas besoin d'une hospitalisation. Sa symptomatologie est certes handicapante et responsable de sa venue cette nuit, mais une hospitalisation ne servirait pas à grand-chose dans sa situation. Après cet entretien nocturne qui a eu le mérite d'apaiser les angoisses de madame, je lui prescris un léger traitement à prendre le soir si elle présente de nouveau ces symptômes, et l'invite à alerter son psychiatre si cette montée d'anxiété majeure se présente à nouveau le lendemain.

Je la salue poliment et m'éclipse discrètement, allant prévenir l'urgentiste de mes décisions. Après quelques brefs échanges, je rédige mon observation sur un des ordinateurs, puis salue mes collègues, leur souhaitant bon courage pour la nuit. Pas de réponse. Tant pis, vu l'heure, je décide de ne pas m'éterniser tant que l'on n'a pas besoin de moi et retourne dans la chambre de garde. Il est 2 heures du matin, je reprends le même chemin dans l'autre sens. Le parking est silencieux. La lumière orangée projetée par les quelques lampadaires se fond dans la brume. De l'autre côté de la route se trouve un petit bois. En passant à côté pour rejoindre l'internat où se trouve ma chambre, j'ai la surprise de croiser un troupeau de petits lapins sauvages, profitant du calme pour une balade nocturne. Je m'arrête quelques minutes et profite du spectacle. Je respire l'air frais de cette nuit d'hiver. Quelques « petits riens » mais dont je savoure l'existence à ce moment-là. De retour dans la chambre de garde, je jette ma blouse sur le dossier de la chaise et me glisse dans le lit, en espérant ne pas être réveillé par une urgence dans les heures qui suivent.

Ruminations

Les ruminations sont un phénomène mental caractérisé par la présence de pensées, sensations et émotions désagréables, qui s'imposent à la personne sur un mode répétitif et automatique.

C'est un peu comme « tourner en boucle » sur un sujet. On ressasse, on se refait les scénarios, on en imagine de nouveaux. On se flagelle, on a cette petite voix dans notre tête qui nous dit : « Tu aurais dû faire comme ceci ou comme cela », encore et encore. Ruminer, c'est fatigant, mais cela s'impose malgré nous. Il y a certaines personnes qui ont ce terrain favorable à la rumination (j'ai cité les anxieux), mais cela peut toucher tout le monde, notamment à certaines périodes de nos vies où nous sommes plus sensibles, plus fragiles, comme lors de moments de stress ou bien de tristesse. Parfois, elles sont insidieuses, nous ne nous rendons pas forcément compte que nous sommes partis dans cette sphère infernale, et nous n'arrivons pas à nous endormir avant 3 heures du matin.

Et vous, quelles sont les pensées qui reviennent le plus souvent et tournent en boucle dans votre tête ?

Pause-café

Exercice : identifier une rumination

Comme nous l'avons vu un peu plus haut, une rumination est un phénomène mental caractérisé par un ressassement autour de sujets souvent désagréables. Mais parfois, il est difficile de faire la distinction entre une pensée normale et une authentique rumination.

Voici quelques questions que vous pouvez vous poser pour aider à identifier une rumination :

• Est-ce que le fait de penser à tel ou tel sujet me procure du soulagement, m'apaise ou bien me réconforte ?

Oui – Non

• Est-ce que cela me permet de donner du sens à, de mieux comprendre les choses ?

Oui – Non

• Est-ce que cela m'apporte des pistes ou des solutions concrètes pour y voir plus clair ?

Oui – Non

Si vos réponses sont des « non », vous êtes probablement face à une rumination.

Le contre-transfert de l'analyste avec Nicolas

RENDEZ-VOUS EN TERRE INCONNUE

Depuis l'ouverture de mon cabinet, en plus de recevoir des personnes physiquement, je consulte aussi à distance, en visio. J'ai toujours été à l'aise avec les moyens de communication modernes et ils n'ont jamais été un frein à une consultation. L'écoute active, la présence et mes capacités thérapeutiques restent les mêmes que ma consultation ait lieu à mon cabinet ou à l'autre bout du monde grâce à la magie d'Internet. Ainsi, je peux avoir rendez-vous à Paris, à Berlin, à Londres, à Bruxelles, à Genève, mais aussi au Mexique, au Népal ou encore en Thaïlande. J'adore ces consultations. Elles ont un petit goût d'ailleurs qui m'embaume le cœur.

Aujourd'hui, c'est Nicolas qui m'attend à l'autre bout du monde. Il est midi ici, à côté d'Aix-en-Provence, alors que pour lui l'horloge indique 7 heures du matin au Brésil. Il me consulte à l'heure du petit déjeuner avant d'entamer sa journée de travail au cœur de Rio de Janeiro. Rien qu'à entendre le nom de l'ancienne capitale brésilienne, j'ai envie de danser la samba sur ma chaise. Sa sœur, qui vit en France, lui a donné mes coordonnées pour que je puisse le suivre à distance, dans sa langue natale. Je me retrouve face à un homme de 39 ans, réservé, intimidé à l'idée de se livrer et portant une réelle sensibilité qui saute aux yeux, de celles et ceux qui la vivent aussi. Il me raconte son parcours de vie, ses différentes difficultés qui sont celles de beaucoup de jeunes – et moins jeunes – hommes aujourd'hui et qui n'ont rien de bien effrayant. Plus nous discutons, plus je le trouve charmant, brillant, intelligent et hypersensible.

Je me questionne. Est-ce que j'ai le droit de lui trouver ainsi d'aussi belles qualités ? Je dois pouvoir rester dans ma posture neutre et ne jamais essayer d'incarner une quelconque séduction ou envie de lui plaire, ça serait complètement anti-déontologique et contraire à l'éthique. Est-ce que c'est l'effet de l'écran ? Comme si je me permettais de ressentir cela parce que je suis protégée par mon écran et qu'il n'est pas en face de moi ? Cette alliance thérapeutique me questionne. J'ai l'impression de vivre ce genre de moments, comme des niveaux à passer dans mon apprentissage et mon expérience de thérapeute. Je dois prendre conscience des jeux de transfert qui ont lieu. Je dois apprendre à valser avec eux et je dois pouvoir mieux m'en défaire (ou non, mais, dans ce cas-là, cela revient à stopper la thérapie comme je l'ai fait avec Michel). Cependant, j'ai beau en avoir conscience, je sens que j'ai envie d'être apprêtée les jours où j'ai rendez-vous avec lui. Cela n'est pas normal et cela est même délétère pour notre alliance thérapeutique. Je me ressaisis. Je me questionne sur ce qu'il se joue puisque, forcément, il se joue quelque chose en moi et c'est en moi que je dois creuser.

Je suis heureuse dans mon couple – mariée depuis des années –, avec mes enfants… C'est quelque chose de plus profond. J'ai presque honte. Puis un jour, tout s'éclaire. La sœur de Nicolas, cette même sœur qui m'a présentée à lui, a vécu des traumatismes similaires au mien et

Nicolas est extrêmement affecté par cela. Il en parle avec beaucoup de compassion, d'amour et de tendresse. À chaque consultation, il me parle de sa sœur et de l'admiration qu'il a pour elle et son vécu. Je viens de mettre le doigt sur la cause du contre-transfert. Nicolas incarne ce frère que j'aurais tellement aimé avoir à ce moment-là. Ce grand frère que je n'ai jamais eu et qui le rend si beau, si intelligent, si admirable. Une fois que j'ai pris conscience de cela, j'arrive à prendre toute la distance nécessaire à ce contre-transfert pour qu'il ne vienne pas empiéter sur notre alliance thérapeutique et que cela ne prenne pas le pas sur la thérapie de Nicolas.

Je regardais mon frère en lui, et je cherchais son regard en retour. Je n'ai plus qu'à parler de cela à ma propre thérapeute, parce qu'éternellement, l'accompagnant des uns reste celui qui est accompagné par un autre, lui aussi. C'est important de continuer à se faire suivre soi-même lorsque nous sommes thérapeutes, avec une histoire de vie comme la mienne en tout cas, pour éviter de tomber dans ce genre de pièges et pouvoir cheminer sur soi, personnellement ou de suivre une supervision pour parler de ces choses-là afin de s'en extirper au plus vite, ou de l'éviter la prochaine fois.

Transfert et contre-transfert

Le **transfert**, d'un point de vue psychanalytique, désigne un processus (normal et nécessaire à la thérapie) durant lequel les sentiments, les projections, les désirs inconscients envers ses parents ou l'adulte référent se trouvent reportés sur son thérapeute. Ce transfert est la pierre angulaire à l'alliance thérapeutique. Le patient n'en a pas conscience, le thérapeute, lui, oui.

Le **contre-transfert**, lui, est la réaction inconsciente du thérapeute face au transfert de son patient. C'est un jeu de miroirs qui se joue. L'analyste thérapeute se doit de repérer ce contre-transfert, de façon à ce qu'il interfère le moins possible avec le transfert du patient. En effet, le risque est que le contre-transfert du thérapeute lui donne une vision erronée de l'analyse en lui faisant voir la problématique du patient depuis une grille de lecture biaisée qui correspondrait en fait à sa propre psyché.

Projections

En psychologie, la projection est un mouvement psychique, le plus souvent inconscient, permettant à une personne de transposer un élément de son espace psychique, donc intérieur, sur quelqu'un ou quelque chose à l'extérieur. Bouddha disait : « Tout ce qui te dérange chez les autres n'est qu'une projection de ce que tu n'as pas résolu chez toi. » La projection agit comme un mécanisme de défense puisqu'il est plus facile, pour notre psychisme, de voir quelque chose chez l'autre plutôt que chez soi. Le transfert et le contre-transfert sont sous le joug de ces projections.

Le regard du psy

Comme pour l'histoire de Michel, le psychologue, nous sommes ici face à des enjeux thérapeutiques qui se jouent dans la relation. Autant, pour Michel, cela s'est porté sur le versant négatif, autant pour Thomas nous sommes sur quelque chose du pôle opposé, plus positif. Nous pourrions croire que cela est bénéfique pour la thérapie, ce qui peut être le cas dans une certaine mesure, mais attention tout de même ! Moi-même j'ai déjà vécu des situations où l'envie d'aider un patient prenait le dessus bien plus que de raison, où l'envie de remuer des montagnes était dévorante et où je me lançais corps et âme dans la prise en charge (vous découvrirez notamment une situation dans le chapitre « L'anorexie mentale de Justine », page 140).

Encore une fois, l'important est de s'en rendre compte car cela peut être néfaste pour le patient, pour le travail thérapeutique, mais aussi, ne l'oublions pas, pour soi-même, l'humain derrière la casquette de thérapeute. Face à ces situations, ce qui m'aide, ce sont ce qu'on appelle « les supervisions », le fait de pouvoir débriefer avec des collègues des situations, de croiser les regards, de ne pas rester seul avec ses émotions et questionnements, afin d'éviter de se retrouver dans des situations délicates.

Et vous, remarquez-vous les jeux de miroirs qui se jouent dans vos relations ? Quelle relation, dans votre vie actuelle, vous apprend le plus sur vous-même ?

Pause-café

Exercice : réappropriation de projections

Les projections, nous en faisons tous. Nos relations familiales, amicales, amoureuses ou sous l'influence d'autorité sont toutes affectées par nos projections. Si elles en sont affectées, c'est parce que, la plupart du temps, ces projections sont inconscientes. Et si nous ramenons un peu de conscience sur celles qui se jouent dans votre vie ? Tout ce que vous voyez en l'autre existe en fait en vous. Si la gentillesse de grand-mamie vous touche autant, c'est parce qu'elle existe en vous. Effet miroir, bonjour ! Si les attitudes colériques de votre cher et tendre vous font autant réagir, c'est en vous que cette expression de la colère vit. Mais elle n'est pas regardée, elle n'est pas entendue, elle n'est pas reconnue et elle est mise de côté. Nous allons regarder ensemble ces projections !

- Commençons par le plus facile, les projections positives.

Faites la liste des personnes que vous admirez le plus et citez les qualités qui vous rendent admiratif de cette personne.

J'apprécie le dalaï-lama pour sa bienveillance, mon mari pour son honnêteté...

....

....

....

....

....

....

Ensuite, reformulez à la première personne :

J'apprécie ma bienveillance, mon honnêteté...

....

....

....

....

- Puis, plus difficile, faites cela avec les projections négatives.

Faites la liste des attitudes ou comportements que vous n'appréciez pas chez les autres.

Je n'aime pas les gens qui sont en retard, je déteste les colères de mon mari...

....

....

....

....

Et reformulez à la première personne :

Je n'aime pas être en retard, je déteste mes colères...

....

....

....

....

Cet exercice permet de mettre en évidence des stratégies comportementales qui vous limitent et qui sont inconscientes. Ces stratégies résultent de vos blessures passées qui ne sont pas encore guéries. Les mettre ainsi au jour vous donnera la possibilité de les accompagner pour mieux en changer.

Les TOC d'Adam

MÊME UNE POMME, C'EST RISQUÉ !

L'espace d'un instant, je me perds dans mes pensées, vagabondant dans les vallées de mon imaginaire. Je suis comme ça, j'ai beau essayer de vivre dans le moment présent, parfois, c'est plus fort que moi, je pars dans ce tourbillon et me déconnecte complètement de l'instant. C'est le « ting » qui retentit sur la page de mon ordinateur, m'indiquant mon prochain rendez-vous, qui me ramène dans le présent. Je me ressaisis, me reconnecte et me rends disponible pour accueillir Adam.

C'est un homme aux allures de bon père de famille qui se présente devant moi. Adam a une quarantaine d'années, porte une chemise à carreaux bleue soigneusement rentrée dans son pantalon. Il porte également une monture de lunettes à écailles surdimensionnée, qui contraste avec la couleur déjà grisonnante de ses cheveux bien coiffés. Adam est fleuriste, une passion qui lui a été transmise par sa grand-mère, elle-même connue sous le nom de « Dame Jacinthe ». Il vit avec sa douce, qu'il a conquis par le parfum de roses minutieusement choisies au gré de leurs multiples rencontres juvéniles. D'un point de vue extérieur, ils filent le parfait amour. Ils ont trois charmants enfants, dont une fille, à qui ils ont choisi de donner le nom de leur fleur préférée, la violette.

Cependant, derrière les apparences, et depuis quelque temps déjà, l'orage gronde de plus en plus au sein du foyer. En effet, de tout temps, Adam a toujours été précautionneux concernant le ménage et les règles de propreté. Sa femme l'avait connu ainsi, avec sa « particularité » comme il dit. Des lavages de mains ritualisés, systématiquement accompagnés par un mantra « Mes mains sont propres » qu'il devait répéter cinq fois au moins, tout en prenant soin de ne pas regarder les bords du lavabo pendant le geste. Tout le monde dans la famille s'est adapté à ce mode de fonctionnement. Ça ne posait pas de réel problème.

Mais les choses ont commencé à devenir de plus en plus compliquées lorsque les rituels ont peu à peu envahi le quotidien familial. Cela a commencé par des rituels un peu plus présents qu'à l'accoutumée concernant le passage à table : Adam devait se laver les mains plusieurs fois de suite, en prenant soin de bien les sécher entre chaque lavage. Aussi, c'est toute la famille qui devait se plier à ce nouveau rituel préprandial. Au début, cela faisait rire Violette, du haut de ses 7 ans, que tout le monde doive se laver les mains deux à trois fois de suite avant chaque repas. Elle trouvait ça amusant, tout le monde « à la queleuleu » devant le robinet de la cuisine. Quelque temps plus tard, elle a déchanté lorsque son père a commencé à limiter certains aliments, refusant d'acheter les desserts à base de laitage et des raviolis en boîte. Mais le pire pour Violette, c'était la cuisson de ses pâtes préférées, qui désormais ressemblaient plutôt à une purée de pomme de terre qu'à de délicieuses coquillettes au beurre du fait d'une cuisson dépassant systématiquement les 20 minutes. Toute la famille à table, mangeant en silence cette purée de pâtes accompagnée d'un « steak semelle », c'est un soir après le dîner que la discussion avec sa femme a eu lieu. Soit Adam acceptait de changer les choses, soit c'est elle qui allait changer les choses, en partant avec les enfants.

Lorsque je rencontre Adam en consultation, il ose se dévoiler et m'exprime alors le sentiment qu'il éprouve, commun à toutes les personnes souffrant de TOC.
– J'ai honte docteur… me dit-il les yeux baissés sur ses doigts qui s'entremêlent. Je sais que tout cela est aberrant, ridicule même, mais c'est plus fort que moi, je n'arrive pas à m'empêcher de faire tous ces rituels, et ça me bouffe ! Tout est source de danger, même les pommes qu'on achète pourtant directement chez le maraîcher.
– Que craignez-vous qu'il se produise si vous ne faites pas ces rituels ?
– Le pire, ce serait que je puisse contaminer mes enfants, que je sois responsable d'une maladie ou, pire, de leur mort… Rien que d'y penser, je me sens mal.

Nous y voilà : le diagnostic de trouble obsessionnel compulsif (TOC) est posé sans difficulté, mais il me faut comprendre le mécanisme et les particularités. Chez Adam, le thème des obsessions est double : la souillure, « J'ai peur d'une contamination », et l'erreur, « J'ai peur de me tromper ». Pour contrer cela, Adam a mis en place des rituels de lavage et de vérification. Lors de cette consultation, je lui propose un exercice pour évaluer la justesse de ses pensées erronées. Nous discutons alors du risque de transmission de la maladie qu'il redoute par-dessus tout : le botulisme. Il a bien conscience que cela est rarissime et qu'il concerne à la limite seulement les aliments en conserve, mais la pensée de la transmettre par une mauvaise cuisson des pâtes, ou une pomme mal lavée, reste obsédante. Alors il lave encore et encore, et fait cuire jusqu'à ce que cela devienne de la bouillie.

En discutant sur ses pensées et le risque quasi nul de la survenue de la catastrophe, il me dit : « Oui, mais si jamais cela arrivait ? Le risque zéro n'existe pas. » C'est justement là-dessus que l'on a commencé notre travail, car ces pensées l'empêchaient de pouvoir s'exposer à ces aliments redoutés. Nous discutons des risques en tout genre : avoir un accident de la route, une gastro ou même perdre son emploi. Tout autant de risques qui auraient des conséquences fâcheuses mais dont Adam parvient à relativiser leur survenue. Nous arrivons à la conclusion suivante : la vie est une prise de risque permanente, mais à laquelle nous nous sommes finalement habitués.

Au fur et à mesure des séances, Adam finit par trouver lui-même des arguments contre la survenue de ses craintes concernant la nourriture, et nous poursuivons la thérapie avec d'autres types d'exercices. J'ai repensé à Adam quelques jours plus tard, un soir vers 20 heures, lorsqu'au moment de préparer le dîner, j'ai saisi cette boîte de raviolis qui traînait dans le placard depuis quelque temps déjà. Au moment où je m'apprêtais à l'ouvrir, les mots d'Adam me sont revenus. Je me suis surpris à avoir ces quelques secondes de réflexion et d'hésitation. « Et s'il avait raison ? » Peut-être, mais, en attendant, c'est la prise de risque que j'ai choisie, sans regret !

Trouble obsessionnel compulsif (TOC)

Le trouble obsessionnel compulsif (ou TOC) est un trouble psychiatrique caractérisé par la présence d'obsessions et de compulsions. Les obsessions sont des pensées intrusives, désagréables, récurrentes et répétitives qui s'imposent au sujet (par exemple : « Je risque d'attraper une bactérie si je touche une poignée de porte » ou bien « Je n'aurais pas oublié de couper le gaz ? »). Cela est très désagréable et génère une anxiété.

Pour lutter contre cette anxiété, la personne va avoir recours à un rituel (ou compulsion) afin de diminuer la charge anxieuse provoquée par cette obsession. Cela peut prendre la forme de vérifications, de lavages ou même de mantras. C'est une pathologie qui peut devenir très handicapante pour la personne car, parfois, les rituels prennent beaucoup de temps dans la journée.

À noter cependant, il est tout à fait normal d'avoir des petits rituels dans notre quotidien, et tout le monde peut aussi avoir des obsessions par moments. En pratique, pour parler de TOC, on estime qu'il faut que les obsessions et rituels prennent plus d'une heure par jour, et surtout qu'ils entraînent une souffrance et un retentissement dans le quotidien de la personne.

Et vous, avez-vous des petits rituels qui impactent votre quotidien ?

Pause-café

Exercice : les petits bonheurs de la vie

Permettez-moi de vous poser la question : êtes-vous plutôt du genre à voir le verre à moitié vide ou à moitié plein ? Aujourd'hui, je vous propose de voir le bon côté des choses. Attention, cependant, ne tombons pas dans la positivité toxique, celle qui nous fait miroiter que tout est toujours beau, toujours agréable et que le négatif n'existe pas. On le sait bien, tout est question d'équilibre, la lumière et l'obscurité, le chaud et le froid, le jour et la nuit. Les tracas font partie de la vie, on en a tous (même les psys), mais, durant ces prochaines minutes, orientons notre regard sur les choses qui méritent d'être soulignées.

Je vous propose de lister ci-dessous dix choses que vous appréciez dans votre quotidien. Je commence : *le parfum d'un café chaud qui vient juste de terminer de couler.* À vous maintenant !

1. ....
2. ....
3. ....
4. ....
5. ....
6. ....
7. ....
8. ....
9. ....
10. ....

Marie-Hélène vit un burn-out

IL EST OÙ LE BONHEUR, IL EST OÙ ?

Le thermomètre affiche 5 °C ce matin dans notre région du sud de la France et c'est la fin du monde pour nous. Entre Marseille et Aix-en-Provence, quand il fait moins de 20 °C, c'est l'hiver ! Alors 5 °C, c'est le PÔLE NORD ! Mais quand j'arrive au cabinet, j'y retrouve sa chaleur cosy et sa décoration cocooning qui mettent du baume au cœur. Derrière mes pas, c'est Marie-Hélène qui pousse la porte de mon cabinet ce matin. Cela fait déjà plusieurs séances que je la vois et elle pousse toujours la porte de mon cabinet de la même façon : tête baissée, l'air gêné, le dos rond et les bras ballants le long du corps. Elle donne toujours l'impression de se faire toute petite et de ne pas vouloir déranger. Elle s'assoit dans son fauteuil et un léger sourire se dessine sur son visage lorsqu'elle me dit « Je suis contente de vous voir ! ».

Marie-Hélène a 52 ans et elle est en plein burn-out. Elle travaille dans un très grand groupe de télévision national depuis plus de vingt ans. Elle a vu ses conditions de travail changer au fil des années. Elle se retrouve aujourd'hui dans d'énormes open spaces où tout est ouvert, où tout est vu, où tout est entendu. Elle enchaîne les réunions, les *deadlines*, la pression, les contrats. Elle est « au taquet », comme on dit chez nous. Dans ce contexte, cela signifie qu'elle est acculée à l'extrême limite de ses moyens d'action ou de son temps et qu'elle a atteint ses propres limites, voire elle les a déjà dépassées. Le burn-out est là. C'est déjà trop tard. Marie-Hélène s'écroule car elle n'a jamais su détecter les signes qui l'ont menée droit dans le mur, ou bien, elle ne les a pas écoutés lorsqu'ils étaient bien là. Tout semble s'effondrer autour d'elle et cela se voit à sa posture. Les bras lui en tombent, complètement. Elle avait tout misé sur son métier qu'elle aimait tant, dans un groupe qu'elle apprécie et pour lequel elle avait juré fidélité. Elle pleure énormément. Elle a besoin d'évacuer le trop-plein accumulé toutes ces années. Elle a l'impression que plus rien n'a de sens dans sa vie si elle perd son travail, si elle ne fait pas exactement ce que l'on attend d'elle. Mais elle n'y arrive plus. Son corps et son esprit n'y arrivent plus. Elle se voit doucement mise de côté par des équipes de plus en plus jeunes, avec un état d'esprit compétitif qui n'est pas nourrissant pour elle.

J'ai beaucoup d'empathie pour Marie-Hélène. C'est le cœur de notre métier, l'empathie. C'est ce qui crée cette alliance thérapeutique si chère à mon cœur. Quand elle me parle de sa hiérarchie et de ses collègues plus haut placés, elle a soudain une voix de petite fille, toute fluette et fragile, comme si elle avait fait une bêtise. Après quelques séances de sophrologie pour abaisser son niveau d'anxiété et lui donner des outils de relaxation, suivies de quelques séances de mouvements oculaires où nous avons désactivé la forte charge émotionnelle qu'elle ressentait au moment présent, nous avons commencé une sophro-analyse. Elle voulait comprendre pourquoi elle se retrouvait toujours dans des relations triangulaires de type victime-sauveur-bourreau et, surtout, pourquoi elle en était toujours la victime. Elle avait à cœur aussi de comprendre pourquoi elle n'exprimait jamais ce qu'elle ressentait aux autres, notamment lorsque cela était inconfortable pour elle.

Marie-Hélène s'allonge timidement sur le divan : elle ôte ses chaussures, fait attention de ne pas déplacer la couverture d'un seul centimètre et se recroqueville derrière un coussin qu'elle tient dans ses bras. Une fois la relaxation réalisée, lorsque nous commençons à échanger, je retrouve très vite la petite fille. La petite Marie-Hélène qui s'exprime de sa voix fluette et discrète. Elle me relate des faits de maltraitance familiale où son frère, de dix ans son aîné, s'amusait à lui faire peur, à la brûler, à l'étouffer avec son oreiller ou à l'enfermer dans le placard, dans le noir, des nuits durant. Elle n'en avait jamais parlé, à personne, car, lorsqu'elle osait dire, du haut de ses 5 ans, qu'elle allait le dire aux parents, le jeune adolescent renforçait encore plus ses violences et ses actes tortionnaires. Elle a donc appris à se taire et à encaisser les coups. Voilà ce qui la mène au burn-out. Il est impossible pour elle de mettre le frein à main, de ralentir, de dire non, de s'opposer…

Les fois où elle a osé le faire, que cela soit avec son frère ou au travail, cela a été très mal reçu et les conséquences ont toujours été pires que la souffrance au départ. Elle avait ce mode de fonctionnement en elle où elle était capable d'endurer de longues souffrances sur la distance puisque la maltraitance avec son frère avait elle-même duré des années. Ses propres parents n'apprendront cela qu'au cours de notre thérapie. Ainsi, nous allons travailler longuement ensemble sur ces souvenirs douloureux pour les alléger et les digérer afin de pouvoir nouer des relations plus saines et plus positives pour elle. J'ose espérer que Marie-Hélène puisse désormais dire oui lorsque c'est oui, et non lorsque c'est non, en toute quiétude, afin de ne plus jamais tirer sur la corde qui l'a menée tout droit au burn-out aujourd'hui.

Burn-out

Le burn-out, ou syndrome d'épuisement professionnel, se traduit par « un épuisement à la fois physique, émotionnel et mental qui résulte d'un investissement prolongé dans des situations de travail exigeantes sur le plan émotionnel[9] ».

Ce syndrome est la résultante d'un stress chronique dans le cadre du travail et il peut se traduire par tout un tas de symptômes différents selon les personnes et les situations. Il n'est donc pas une maladie caractérisée. Les différentes manifestations de ce mal-être au travail peuvent être :

- **émotionnelles** : anxiété, tristesse de l'humeur, hypersensibilité, irritabilité, etc. ;
- **cognitives** : trouble de la mémoire, de l'attention, de la concentration, etc. ;

...

9. Cf. Schaufeli Wilmar B. et Greenglass Esther R., « Introduction to special issue on burnout and health », *Psychology & Health*, vol. 16, n° 5, 2001, p. 501-510.

- **comportementales** : repli sur soi, isolement, agressivité, ressentiments, addiction, etc. ;
- **physiques** : asthénie, céphalées, vertiges, trouble du sommeil ou alimentaire, douleurs de type lombalgie-cervicalgie, etc. ;
- **motivationnelles** : manque d'entrain, baisse de motivation, léthargie, perte de sens du travail, effritement des valeurs, doutes sur ces capacités, etc.

Le burn-out peut déboucher sur un véritable état dépressif ou anxieux, d'où l'importance d'en repérer les premiers signes afin de désamorcer ce mal-être avant qu'il ne s'installe davantage.

Schémas répétitifs

Les schémas répétitifs sont des scénarios de vie que vous reproduisez sans cesse de façon plus ou moins consciente. Ainsi, vous pouvez vous retrouver dans le même genre de relations, à rencontrer le même genre de personnes, à reproduire les mêmes erreurs, à adopter le même comportement et à désespérer que tout cela ne change jamais. Cela ne change pas car ce que vous avez vécu jusqu'ici, depuis votre enfance jusqu'à l'âge adulte, a conditionné votre personnalité, vos agissements, vos réactions, votre mode de pensée. Vous pouvez alors vous retrouver coincé dans un « personnage », un rôle qui n'est pas tout à fait vous, mais dont vous n'arrivez pas à vous détacher. Ce conditionnement va être le vecteur de vos choix, de vos comportements, de vos attitudes qui se répètent encore et encore par habitude.

Ces schémas qui se répètent sont en lien étroit avec l'estime de soi. Nourrissez votre estime de vous, vos besoins, vos valeurs, ainsi vos choix seront plus éclairés et conscients qu'habituels et automatiques. C'est ainsi que vous pourrez sortir des schémas répétitifs inconscients.

Le regard du psy

À une époque où la productivité est devenue plus que présente dans notre société, le syndrome d'épuisement professionnel a lui aussi gagné de plus en plus de terrain. Exigence envers soi-même, conscience du travail bien fait, difficultés à dire non et à poser des limites, sensibilité plus accrue au stress, tout autant de facteurs qui fragilisent certaines personnes et en font un profil plus à risque que d'autres. Marie-Hélène semble en faire partie.

Tel le célèbre filet du diable de la saga *Harry Potter*, le burn-out s'insinue doucement et silencieusement dans la vie des gens. Lorsque l'on se rend compte de sa présence, il est souvent déjà bien installé et nous sommes piégés à l'intérieur. À ce moment-là, l'arrêt de travail est souvent nécessaire, afin de prendre du temps pour soi et se recentrer sur l'essentiel, à savoir sa propre santé, pour éviter le risque de développer d'autres troubles plus sévères comme la dépression.

Pause-café

Exercice : les bonshommes allumettes de Jacques Martel

Je vous propose ici de pratiquer un exercice symbolique pour se défaire de liens relationnels ou de situations conflictuelles qui peuvent être toxiques et/ou énergivores en termes d'attachement et d'un point de vue psychologique. Cet exercice a une portée symbolique d'harmonisation, de pacification et de détachement. Comment cela fonctionne en pratique ?

Voici à quoi ressembleront vos bonshommes allumettes :

LES PETITS BONHOMMES ALLUMETTES

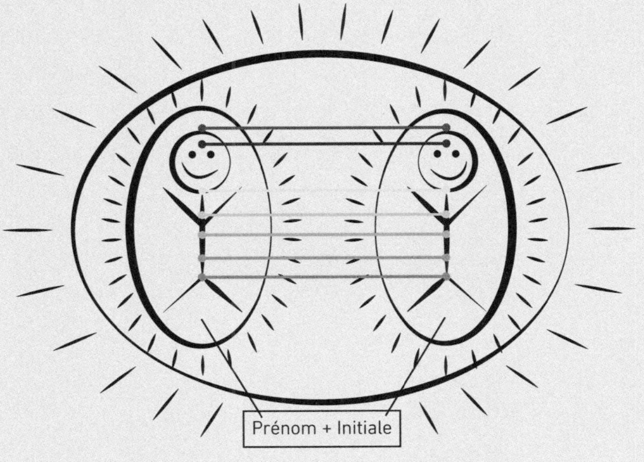

...

Étape 1 : dessinez-vous sur la gauche, en forme de bonhomme allumette, puis notez dessous votre prénom et votre initiale.

Étape 2 : dessinez sur la droite l'autre personne (ou la situation) de laquelle vous souhaitez vous défaire, en notant aussi son prénom ainsi que son initiale (ou la situation).

Étape 3 : entourez chaque bonhomme d'un cercle de lumière, comme un soleil. Vous symbolisez ici que vous souhaitez le meilleur à chacune des parties, vous-même et l'autre personne (ou situation).

Étape 4 : faites le même cercle de lumière qui entoure le tout pour symboliser le fait de souhaiter le meilleur pour tout le monde.

Étape 5 : reliez ensuite, au niveau des centres énergétiques, les deux bonshommes allumettes. Ces liens seront au nombre de 7, au niveau du sacrum, du nombril, du plexus solaire, du cœur, de la gorge, du troisième œil et du sommet du crâne (voir image page précédente).

Étape 6 : terminez l'exercice en vous munissant de ciseaux et en découpant la feuille verticalement en deux pour séparer les deux bonshommes allumettes. Vous pouvez vous dire mentalement ou à haute voix : « Les liens sont coupés », « C'est fait ! »

Vous pouvez ensuite faire ce que vous voulez des deux bouts de papier : les garder, les jeter, les mettre en boule, les brûler. Faites ce qui semble juste pour vous.

Symboliquement, ce type d'exercice est très libérateur.

Vous pouvez trouver cet exercice dans le livre *La Technique des petits bonshommes allumettes !*, coécrit par Lucie Bernier et Robert Lenghan qui ont décortiqué cette méthode créée par Jacques Martel.

Témoignage d'une patiente

Aurélie nous raconte sa séance de psychothérapie au sujet de son burn-out.

« Un emploi, du harcèlement professionnel, un profond mal-être et une volonté : aller au bout de ce contrat. Il me fallait alors partir à la recherche de moi-même, de ma confiance en moi. J'avais besoin de soutien pour affronter les prochains mois et je suis partie à la recherche de ma thérapeute. Et puis, un jour, une séance d'avril, je crois que c'est toute ma vie qui a changé. On m'avait dit un jour que, parfois, une séance pouvait faire basculer une vie, résoudre un blocage. Ce jour-là, j'ai compris ce qu'on avait voulu me dire.

Le harcèlement de trop, la crise de larmes de plus qui venait s'ajouter aux centaines d'autres, et mon désarroi face à une situation qui n'avait pas d'issue. Au cours de la séance, ma psychologue m'a demandé de compléter la phrase : "Si je n'avais pas peur, je serais…" Déstabilisant, surtout quand on ne sait plus ce que c'est de ne pas avoir peur. Sourire, respirer sereinement. Sûrement.

Et une autre phrase à compléter a surgi : "Et si je n'avais pas peur, je ferais…" Un blanc.

– Je ne sais pas…
– Réfléchissez encore.

Plusieurs secondes s'écoulèrent avant qu'une réponse ne vienne me frapper de plein fouet.

– Je n'aime pas la réponse que je viens d'avoir…
– Allez-y, dites-moi.
– Si je n'avais pas peur, je démissionnerais.

Cette réponse-là, ni elle ni moi ne l'avions vu venir. Sauf que, ce jour-là, j'y ai pensé aussi vite que j'ai pris ma décision. J'allais démissionner, j'allais reprendre des études, changer de vie, repartir à zéro. Pour le meilleur, il ne pouvait pas en être autrement. »

L'anorexie mentale de Justine

LES CHIFFRES DE LA TERREUR

Je regarde fébrilement ma montre pour la cinquième fois. L'aiguille indique toujours 16 h 45. Le temps est comme suspendu, j'ai l'impression qu'il n'avance plus. Pourtant, dans ma tête, tout se chamboule, les pensées fusent et s'entremêlent. C'est toujours la même chose quand il y a ce genre de consultations que j'appréhende. Pourtant, tout est prêt, j'ai installé les trois chaises devant le bureau, une pour chaque parent et la dernière pour la patiente. Je suis aussi au point sur les informations à donner, j'ai anticipé les éventuelles questions qu'on allait me poser. Dans quinze minutes, je reçois les parents de Justine, qui, comme chaque semaine, viennent au rendez-vous médical pour le suivi de leur fille, hospitalisée depuis maintenant quatre mois dans le service de pédopsychiatrie pour anorexie mentale.

Justine est arrivée aux urgences un soir d'automne, accompagnée par son père. C'est le médecin de famille qui les a orientés vers l'hôpital après avoir pris la tension artérielle de la jeune adolescente au cabinet. Elle était bien trop basse, tout comme son poids d'ailleurs : 38 kg pour 1,59 m, soit un IMC estimé à 15. Pour information, en-dessous d'un IMC à 18,5, on parle de dénutrition, je vous laisse donc imaginer l'état de maigreur de Justine. Elle avait déjà eu quelques consultations pour cette symptomatologie anorexique qui évoluait depuis quelques mois, mais l'interne précédent était parti et c'était

donc moi qui prenais le relais. Je me souviens encore d'une des premières fois où nous nous sommes vus, lorsque je l'ai questionné sur ce qui l'avait conduit ici :
– Je suis anorexique, m'a-t-elle dit de but en blanc.
– Non, tu souffres d'anorexie mentale, lui ai-je répondu, c'est un peu différent.

C'est important pour moi de dissocier le trouble de la personne. Certes, il fait partie de nous, et cela est important pour l'acceptation, mais la maladie ne définit pas la personne que l'on est. Malgré le fait que je connaissais la théorie de ce trouble des conduites alimentaires, et que je savais qu'il fallait que je reste sur mes gardes, la symptomatologie anorexique aura su se jouer de moi durant son hospitalisation. J'ai sauté les pieds joints dans tout ce que la maladie impose et renvoie : surinvestissement, entretiens à rallonge, tenter en vain de comprendre le pourquoi du comment. J'étais entré dans une spirale où moi-même j'attendais avec impatience (certainement bien plus que la patiente) la fameuse pesée hebdomadaire pour savoir si elle avait pris du poids. Si elle avait pris ne serait-ce que 100 g, ça me refaisait ma journée. Si c'était l'inverse, c'est un sentiment d'incompétence qui m'envahissait et je me replongeais aussitôt dans les ouvrages et articles scientifiques traitant du trouble, pour trouver des solutions, et savoir où j'avais échoué, à côté de quoi j'étais passé.

Cela fait quatre mois que je suis Justine. Il est 17 heures lorsqu'enfin je reçois ses parents, marqués par les nuits d'insomnie, à s'inquiéter sans pause pour l'état de santé de leur enfant, appréhendant la moindre nouvelle qui pourrait confirmer que même les adolescents anorexiques peuvent mourir. Le poids n'évolue pas. Je sens les parents démunis, ils commencent à baisser les bras. Je tiens le cap durant l'entretien, j'essaie de garder le ton le plus neutre possible, tout en exprimant mon inquiétude à la jeune fille. Car, intérieurement, c'est l'interne qui commence à douter aussi. Est-ce que je fais bien comme il faut ? Est-ce que j'apporte quelque chose à Justine ? Est-ce que je l'aide tout simplement ? Tous ces questionnements m'amènent à en parler à ma cheffe, pour qui l'anorexie mentale garde certains secrets malgré ses nombreuses années d'expérience. Elle me conseille de prendre du recul car je suis en train de développer un joli **syndrome du sauveur**. Sur le moment, je ne m'en suis pas réellement rendu compte, mais, avec le recul, j'étais en plein dedans. Je repensais à cette situation chez moi, pendant les séances de sport, parfois le soir en me couchant, et même lors de repas de famille. Là, ça devenait critique, j'avais du mal à cloisonner travail et vie personnelle. J'ai donc appliqué les conseils de ma cheffe et j'ai décidé de ne plus me focaliser sur tous les aspects qui me prenaient énormément de temps, et de changer ma stratégie thérapeutique.

Avec Justine, nous avons décidé de travailler sur les perceptions et les sensations qui sont bien souvent mises sous silence dans ce type de pathologie. En effet, il arrive que les personnes souffrant d'anorexie mentale ne perçoivent plus réellement la sensation de faim, tellement elles ont lutté contre elle. Nous lui avons alors proposé une prise en charge centrée sur la pleine conscience, afin de redécouvrir les sensations corporelles. Au fur et à mesure, Justine redécouvre certaines sensations oubliées. Certaines sont désagréables, mais il en existe d'autres qui, elles, ravivent d'anciens souvenirs agréables.

Quand j'ai quitté le service, elle venait d'aborder la pleine conscience du repas, ce qui allait être la tâche la plus difficile. Je l'ai laissée là, entre de bonnes mains. Elle allait de nouveau raconter son histoire à l'interne qui prendrait le relais, mais j'espérais que, cette fois-ci, elle se présenterait sans commencer par dire : « Je suis anorexique. »

Anorexie mentale

L'anorexie mentale est une maladie psychiatrique qui fait partie de la grande catégorie des troubles des conduites alimentaires (TCA) dans lesquels on retrouve aussi la boulimie. L'anorexie mentale est un trouble très complexe, d'origine multifactorielle. Aujourd'hui, on ne sait pas encore quels sont les mécanismes exacts qui en sont à l'origine.

Cette pathologie est caractérisée par une restriction alimentaire qui s'associe à une peur de prendre du poids et la présence de préoccupations autour de l'image de soi. C'est un trouble qui apparaît le plus souvent durant l'adolescence et qui a une nette prédominance féminine.

On distingue différentes formes d'anorexie mentale, dont la forme restrictive pure (où l'on s'alimente insuffisamment au vu des besoins corporels), et une forme dite purgative (où l'on va avoir recours à des moyens pour éliminer les apports ingérés, comme les vomissements, la prise de laxatifs, etc.).

Syndrome du sauveur

Le syndrome du sauveur se caractérise par un besoin excessif d'aider les autres jusqu'à parfois tomber dans le sacrifice permanent à ses dépens. Généralement en lien avec une empathie excessive, le sauveur, malgré son altruisme, ressent souvent ce besoin inconscient d'avoir un retour de gratitude, d'être reconnu pour ses capacités. Nous avons tous une part de sauveur en nous, surtout quand nous sommes dans un lien d'affect ou thérapeutique par exemple, mais c'est lorsque toute la relation repose sur ce lien entre sauveur et sauvé que cela devient problématique.

Lorsque le syndrome du sauveur est bien installé chez une personne, celle-ci a tendance à vouloir porter secours partout, tout le temps, et cherche à résoudre tous les problèmes, veille à améliorer les situations des autres, à vouloir les aider même si, parfois, ils n'ont rien demandé. Dans ces cas-là, il peut être intéressant de se demander si ce syndrome du sauveur ne cache pas, en fait, un véritable mal-être, en lien avec son histoire personnelle ou autres souffrances du passé.

Et vous, avez-vous déjà vécu ou vivez-vous une situation où le syndrome du sauveur est présent ? Comment cela se manifeste-t-il chez vous ?

Pause-café

Exercice : manger en pleine conscience

Lorsque nous prenons notre repas, un invité est souvent présent à nos côtés. Je ne parle pas de votre enfant ou de votre ami·e, non, non ! Je parle plutôt de la télévision ou du téléphone. Aujourd'hui, nous ne sommes, la plupart du temps, pas pleinement présents à ce que nous faisons, encore moins lors d'un repas. À peine avons-nous le temps de nous mettre à table que le repas est englouti. Et si nous prenions le temps de savourer l'instant, de nous (re)connecter à nos sensations ? Lors de votre prochain repas, prenez donc le temps de focaliser votre attention sur ce que vous mangez et d'y faire intervenir vos cinq sens.

- Quel est l'aspect visuel de ce qui se présente dans votre assiette ? Est-ce clair ou foncé ? Quelle est la forme de l'aliment ? De quelles couleurs est-il composé ?
- A-t-il une odeur ? Comment pourriez-vous la décrire ?
- Quels sons entendez-vous lorsque vous approchez votre couvert pour saisir un morceau ? Est-ce que ça craque ? Entendez-vous la fourchette qui cogne contre votre assiette ?
- Quelle est sa texture ? Est-il doux, rugueux ; présente-t-il des aspérités ?
- Quel est son goût ? Est-ce sucré, salé, acidulé ? Est-ce agréable ? Désagréable ?

Le psychotraumatisme de Rachel

LIBÉRÉE, DÉLIVRÉE

AVERTISSEMENT : passage sensible

Cette histoire va évoquer différents traumatismes vécus par une patiente. Il est possible, si vous avez un vécu similaire ou si vous êtes victime de ce psychotraumatisme, qu'il puisse réveiller ou exacerber des émotions ou des sensations fortes en vous. Si c'est le cas, accueillez ce qu'il se passe et n'hésitez pas à vous rapprocher d'un professionnel pour en parler. Vous pouvez aussi sauter ce passage si vous vous sentez concerné et que vous en appréhendez la lecture après cet avertissement. On va notamment parler de violences sexuelles et infantiles ainsi que d'inceste.

Mince, il est déjà 8 h 30 ! Je presse le pas parce que je déteste être en retard ou juste sur le fil. J'aime arriver en avance à mon cabinet pour pouvoir me poser tranquillement, avant ma première consultation, le temps d'une respiration, consciente, c'est tout ce que je me demande. Cela me permet d'ouvrir mon cabinet sereine et alignée avec cette nouvelle journée qui m'attend. Il est 9 heures lorsque Rachel se présente, un matin d'été. Lorsque je la vois, je souris. Je souris car sous son bras, elle tient mon précédent livre fraîchement sorti : *Résilience, guide d'exploration de conscience*, publié aux Éditions Jouvence. Cela peut paraître bête, mais lorsque j'ai écrit ce livre où je partage, dans la première partie, le récit de dix années d'expérience de vie, je n'avais pas imaginé que des lecteurs ou lectrices souhaiteraient prendre rendez-vous avec moi après. C'est le cas de Rachel. Elle s'est reconnue à travers mes mots – *maux* – et sa lecture a fait naître en elle une confiance naturelle à mon égard, avant même notre rencontre. Rachel s'installe en face de moi et me confie son parcours de vie assez chaotique lors de ce premier rendez-vous d'anamnèse. Sa mémoire traumatique est en pleine réactivation suite à une grossesse et un accouchement violent.

Rachel a été victime d'inceste de la part de son grand frère, ainsi que de violences physiques et psychologiques venant de son père. La voilà qui s'exprime pour la première fois :
– Je ne comprends pas pourquoi personne n'était là pour prendre soin de moi ? Pourquoi ma mère ne réagissait pas aux violences qui se déroulaient sous ses yeux ? J'avais 6 ans et personne ne se préoccupait de moi.
– Vous avez envie de m'en dire plus à propos de ces violences, Rachel ?
– Ce qui est bizarre, c'est que j'ai vécu des viols et des agressions sexuelles à répétition de la part de mon frère, de mes 6 ans à mon adolescence, mais ce qui me fait le plus souffrir, c'est le silence de ma mère. Mon père, lui, je ne pouvais même pas lui parler, j'étais reçue avec des coups à la moindre contrariété. Ma mère a déjà vu ce qu'il m'arrivait parfois, mais elle a toujours fait comme si de rien n'était. C'est dur.

– Bien sûr, Rachel, c'est dur ! Vous vous êtes construite toute seule et vous avez survécu toute seule à ce qu'il vous est arrivé. Le traumatisme de vos différentes agressions est profond, mais le silence, la non-protection et la non-attention de vos parents, rend le traumatisme encore plus douloureux. C'est comme un traumatisme dans le traumatisme. Aujourd'hui, vous êtes entendue et vous êtes reconnue. C'est courageux de venir jusqu'ici, dans mon cabinet, pour pacifier ce passé qui a encore des répercussions sur votre vie actuelle.

Le simple fait de pouvoir déposer son histoire lui fait du bien. Au-delà des outils et des techniques thérapeutiques que peuvent venir chercher ces personnes, c'est une écoute profonde et empathique qui sublime ces consultations. Rachel se sent plus légère rien qu'en ayant libéré sa parole. Nous allons pratiquer ensemble des séances de mouvements oculaires pour traiter ces différents traumatismes et leurs répercussions dans sa vie. Tous les quinze jours, nous allons nous revoir pour balayer ces souvenirs douloureux et les traiter. Les traiter, cela signifie qu'ils sont vidés de leur charge douloureuse en intégrant toute la mémoire émotionnelle, sensorielle, cognitive, corporelle. Chaque couche est traitée jusqu'à ce que le souvenir ne soit plus inscrit dans la mémoire traumatique (et donc toujours actif dans la psyché), mais afin d'être rangé dans la mémoire à long terme, comme un souvenir « simple », dépourvu de charge émotionnelle.

Quand Rachel me fait sa « liste de ses dix souvenirs les plus douloureux », j'ai l'impression d'être dans un mauvais film d'horreur et, pourtant, c'est la réalité de cette jeune fille, qui était une enfant de 6 ans lorsque ces sévices ont commencé.

1. Mon grand frère abuse de moi dans le lit (X fois).
2. Mon grand frère me brûle avec des mégots de cigarettes.
3. Mon grand frère tente de m'étouffer avec son oreiller.
4. Mon grand frère me fait regarder des films pornographiques et des films d'horreur.
5. Mon père me demande de frapper mon petit frère avec une ceinture.
6. Mon père me crache au visage et me jette sa bouteille de rhum sur la tête.
7. Mon père frappe ma mère.
8. J'essaie de parler à ma mère, mais elle se range du côté de mon père.
9. Ma grande sœur quitte la maison, je me retrouve seule.
10. Le silence de ma mère.

Voilà. Brut de décoffrage comme cela, je reste sans voix. J'ai beau avoir l'habitude de recevoir des personnes en consultation et d'entendre leurs souvenirs douloureux, il y a des choses auxquelles on ne s'habitue pas. Et là, je me sens fébrile. Je ne cesse d'imaginer cette petite fille de 6 ans qui subit ces ignominies. J'ai du mal à me détacher de cette image, même si je n'ai d'autre choix que de l'accueillir, avec la distance mais l'empathie nécessaire. Je crois que le moment où Rachel va le plus me scotcher et raviver à nouveau cette image de la petite fille en moi, c'est lorsque je vais lui demander s'il y a un souvenir plus douloureux que les autres qui lui semble plus pertinent à traiter en premier. À votre avis, que m'a-t-elle répondu ? Allez-y, relisez et retenez-en un ! Rachel va me répondre, sans une once d'hésitation : « Le silence de ma mère ! »

Après tout ce qu'elle venait de me décrire comme des agressions horribles, finalement, encore aujourd'hui, tout ce dont rêvait cette petite fille de 6 ans, c'était d'être protégée, écoutée et aimée par sa mère. Elle m'en avait pourtant parlé lors de notre premier rendez-vous, c'était même sa principale préoccupation, sa mère. Elle me déchire le cœur. Son enfant intérieur me déchire le cœur. Sauf que ma casquette de thérapeute reprend le dessus. Je connais les mécanismes de dissociation, de refoulement, de déni qui peuvent être mis en place face à de telles violences. Rachel est possiblement encore en état de dissociation lorsqu'elle révoque les agressions. Ainsi, la charge émotionnelle est encore anesthésiée, à l'instant présent, lorsqu'elle repense aux agressions, mais lorsqu'elle pense au silence de sa mère, la douleur y est pleinement associée.

Les semaines et les mois s'écoulent. Plus les séances avancent, plus je vois Rachel se libérer, se positionner, reprendre son pouvoir personnel, sa force, sa joie et sa vie en main. Encore aujourd'hui, elle continue de venir en consultation et elle m'annonce une seconde grossesse. Une grossesse où elle se sent sereine, différente et pleine d'espoir pour l'avenir. C'est exactement pour ces moments de grâce que je fais ce métier. Défaire les nœuds d'une vie douloureuse pour faire la paix avec son histoire, et se libérer de ce passé afin qu'il ne vienne plus toucher du doigt le présent. Je vais continuer à accompagner Rachel tant qu'elle en ressent le besoin et l'envie. Nous espaçons désormais les séances toutes les trois semaines.

Psychotraumatisme

Le psychotraumatisme ou traumatisme psychique est un trouble présent chez une personne ayant vécu un ou plusieurs événements traumatiques. Le Dr Louis Crocq, psychiatre spécialisé dans ce domaine, définit celui-ci, dans son livre *Les Traumatismes psychiques de guerre*, comme « un phénomène d'effraction du psychisme et de débordement de ses défenses par les excitations violentes afférentes à la survenue d'un événement agressant ou menaçant pour la vie ou l'intégrité d'un individu ».

Lorsqu'une personne vit un événement douloureux, un trauma, celui-ci devient traumatique lorsque les ressources de la personne, à l'instant T, ne lui permettent pas de vivre et/ou de traiter cet événement qui va devenir un traumatisme et perdurer dans le temps, pouvant déboucher sur un état de stress post-traumatique. Les symptômes qui peuvent en découler sont : des peurs intenses, des flashbacks, des cauchemars, des crises d'angoisse et attaques de panique, de la somatisation, des troubles du sommeil, de l'alimentation, des addictions ainsi que des pensées, sensations, images intrusives incontrôlables qui reviennent souvent à l'esprit.

Mémoire traumatique

Lorsqu'un traumatisme psychique a lieu, il fait naître avec lui, de façon *sine qua non*, une mémoire traumatique. Celle-ci va renfermer tout ce qui est lié à l'événement : lieu, situation, contexte, acte, sensation, émotion, perceptions intérieures et extérieures, etc.

Selon Muriel Salmona, spécialiste en victimologie : « La mémoire traumatique est une conséquence du psychotraumatisme des violences les plus graves, se traduisant par des réminiscences intrusives qui envahissent totalement la conscience (flashback, illusions sensorielles, cauchemars, dissociation…) et qui font revivre, à l'identique, une partie ou l'ensemble du traumatisme avec la même détresse, la même terreur et les mêmes réactions physiologiques somatiques et psychologiques que celles vécues lors des violences. Anhistorique, non intégrée, hypersensible, elle est déclenchée par des sensations, des affects, des situations qui rappellent, consciemment ou non, les violences ou des éléments du contexte, et ce, jusqu'à des dizaines d'années après le traumatisme[10]. »

Ainsi, un regard, une situation, une sensation, une impression qui rappelle l'événement peut réactiver cette mémoire traumatique et donc tout le vécu sensoriel, cognitif, psychologique du trauma. Ce mécanisme glisse la victime dans un climat d'insécurité permanent puisque cette mémoire traumatique est déclenchée de façon automatique et incontrôlable à travers des associations mnésiques.

10. Salmona Muriel, *Le Livre noir des violences sexuelles*, Dunod, 2019

Dissociation

Par définition, la dissociation représente une séparation fonctionnelle entre des éléments psychiques qui sont habituellement réunis. Ces éléments sont l'identité, la conscience, la perception de l'environnement et la mémoire. Dans le cadre d'une dissociation traumatique, la personne victime peut se retrouver en état de dissociation et être incapable d'agir ou d'être présente à ce qu'il se passe, avec une perte de repères de temps et d'espace. Ainsi, certaines victimes, notamment d'agressions sexuelles, se voient à l'extérieur de leur corps, comme si elles étaient « au-dessus », « à côté » de la scène. La dissociation agit ainsi comme une protection, une sorte de mode survie psychique pour anesthésier émotions, sensations, pensées mais aussi, au passage, annihile certaines possibilités d'action ou de réflexion. C'est par ce mécanisme de dissociation que certaines victimes peuvent oublier partiellement ou totalement l'événement. Appelé amnésie traumatique, ce mécanisme de protection permet d'occulter l'événement de la conscience, mais il n'est pas pour autant inactif dans l'espace inconscient de la psyché. Cela signifie que les conséquences du trauma peuvent, tout de même, être présentes. Simplement, la personne victime n'en est pas consciente.

Le regard du psy

Il y a des personnes comme Rachel qui vivent ou ont vécu des expériences que jamais aucun humain ne devrait connaître. Les traumatismes du passé laissent des traces et parfois les conséquences sont dévastatrices. D'après les connaissances que j'ai du psychotraumatisme et les expériences de patients que j'ai rencontrés, je peux le confirmer : ce type de consultation, ça chamboule ! S'autoriser à déposer, à autrui, son histoire traumatique, c'est faire preuve d'un courage immense. Travailler sur ses traumatismes peut se révéler bénéfique et salvateur, mais le processus peut aussi remettre à vif certaines blessures. À ce titre, il me paraît important de pouvoir être soutenu et bénéficier d'un accompagnement pour travailler en profondeur cette problématique lorsque cela est difficile.

Et vous, avez-vous des souvenirs douloureux qui peuvent avoir encore un impact dans votre vie d'aujourd'hui ?

Pause-café

Exercice : mon passé dans le présent

Cela n'est pas toujours facile de se confronter à sa propre histoire et à ce qu'elle a pu laisser de plus douloureux surtout. Je vous propose, dans cet exercice, d'aller un peu plus loin dans l'introspection. Décortiquons quelques-uns de vos souvenirs (prenez des souvenirs modérément douloureux, ne vous attaquez pas au gros morceau tout seul chez vous) et essayons de voir, ensemble, les conséquences de ce passé sur votre présent.

Voici un exemple :

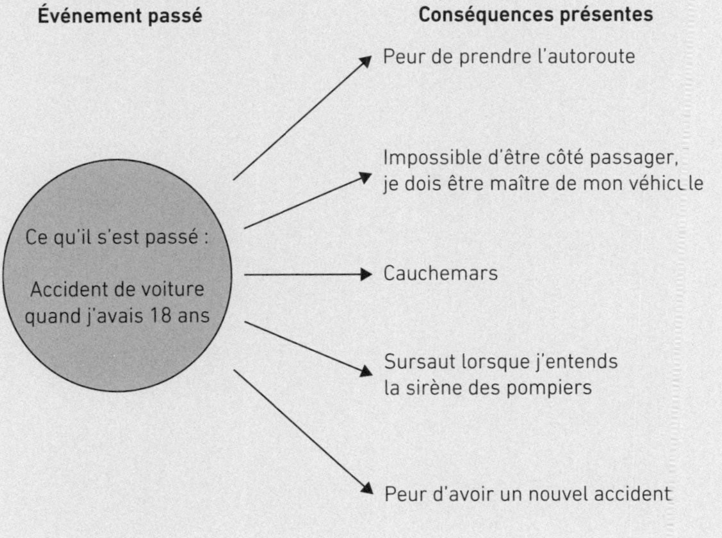

À vous :

Événement passé **Conséquences présentes**

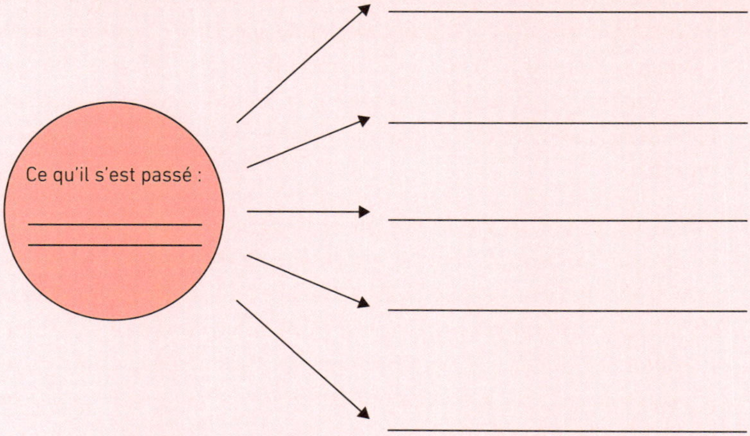

En faisant cet exercice, parvenez-vous à prendre conscience que le passé n'est pas toujours passé et qu'il peut encore vivre dans votre présent ? Rappelez-vous qu'avec les souvenirs douloureux ou les traumatismes, il y a l'événement en lui-même mais, surtout, ce que l'on en fait. En prenant soin de votre passé, vous pouvez soigner, par ricochet, votre présent.

Témoignage d'une patiente

« Il y a un an, j'ai décidé d'en finir avec mes difficultés et j'envisageais de refaire un enfant, à la suite d'un deuil périnatal en 2014. J'ai décidé de consulter une psychologue clinicienne spécialisée dans le trauma, utilisant la thérapie EMDR. J'avais beaucoup lu sur ce genre de thérapie, mais l'attente de la première séance était tout de même angoissante. Je ne savais pas comment j'allais en ressortir : mieux, comme avant ou plus mal…

J'étais vraiment dans l'hésitation et le doute. La première séance est arrivée et j'entrais dans le processus de déposer mes angoisses sans vraiment m'en rendre compte, doucement et simplement. Lors de la séance, j'avais l'impression d'être entourée d'une couverture douillette et chaude. Je pouvais alors me confier sans hésiter. Je suis ressortie de cet état aussi doucement que j'y étais entrée et me suis sentie directement soulagée d'un poids lourd dans les tripes. C'est à l'évidence pour moi le plus beau moment de thérapie que cette première séance d'EMDR. »

Le deuil de Mathilde

MA MOITIÉ À TOUT JAMAIS

Il y a des jours comme ceux-là que l'on aimerait éviter. Vous savez, ceux où vous sentez que quelque chose ne va pas, mais vous n'arrivez pas à identifier quoi, à mettre le doigt dessus. Ce genre de journée où vous aimeriez bien retourner vous coucher car le monde des songes était plus sympa et franchement plus accueillant. Quand c'est comme ça, je me fais couler un bon café chaud, je prends une douche plus fraîche que d'habitude pour me stimuler, mais, aujourd'hui, rien n'y fait, ce sera une journée « sans ». Je l'accepte, je suis à l'écoute de mes sensations et de mes sentiments. Ils sont là pour me dire que moi aussi il faut que je prenne soin de moi parfois. Bref, aujourd'hui, je sens la fatigue accumulée depuis quelque temps déjà. Mais je vais devoir faire avec, car c'est une nouvelle journée de travail qui commence, donc « Haut les cœurs ! On est parti ! ».

Après quelques heures de consultations, coups de téléphone et paperasse en tout genre, Mathilde est ma dernière patiente de la journée, elle doit arriver sur les coups de 17 heures. Je sais qu'elle aura quelques minutes de retard, comme à chaque fois. Elle arrivera en s'excusant et je la rassurerai. Je commence à la connaître, c'est la sixième fois que je la vois et ça se passe toujours comme ça. Mathilde est une jeune adulte issue de la génération Y, qui a à peu près le même âge que moi. Elle était passionnée de gymnastique et avait atteint un niveau plus que correct, l'emmenant jusqu'aux compétitions nationales. D'un tempérament dynamique et extraverti, elle avait de nombreuses copines, mais ses vrais amis se comptaient sur les doigts d'une main. Tout allait bien dans la vie de Mathilde, rien ne semblait pouvoir venir obscurcir son quotidien. Son ciel était bleu, mais, un jour d'été, lors d'une sortie surf avec ses amis, elle a reçu un appel de sa mère, l'appel du désespoir, celui qu'on n'ose imaginer recevoir, lui expliquant qu'il fallait qu'elle rentre à la maison car quelque chose de grave s'était produit. Son frère Victor, son jumeau, sa moitié, avec qui elle avait tout partagé, du ventre de leur mère jusqu'à leur appartement d'étudiant, venait d'avoir un accident de moto. Les nouvelles n'étaient pas bonnes, la famille avait été précipitée au chevet du jeune homme en réanimation pour pouvoir faire ses adieux, mais lorsque Mathilde était arrivée, il était déjà trop tard.

À la suite des funérailles de son frère, Mathilde a perdu sa lumière. Son sourire avait laissé place à un visage triste, ses yeux pétillants s'étaient éclipsés, son rire communicatif était devenu muet. Les mois qui ont suivi ont été éprouvants pour toute la famille, chacun traversant **les étapes du deuil** à son rythme. Cela faisait maintenant deux ans que l'accident avait eu lieu et Mathilde n'arrivait toujours pas à avancer. C'est un sentiment de vide qui persistait dans son quotidien. Elle parvenait difficilement à maintenir son train de vie, suivre les cours à la fac était devenu compliqué, car, en plus des souvenirs du passé qui venaient hanter ses journées et entretenir son chagrin, c'étaient des pensées d'autodévalorisation et parfois même des idées de rejoindre son frère qui l'envahissaient. Lorsque je l'ai vue pour la première fois, j'ai facilement pu poser le diagnostic de dépression. En effet, celle-ci s'était invitée dans sa vie et s'était accrochée à son pied tel un boulet invisible qu'elle devait traîner chaque jour. Rapidement, nous avons décidé en équipe de concilier traitement antidépresseur et psychothérapie orientée sur le deuil. C'est moi qui me suis chargé de la prescription et de la surveillance médicamenteuse, et l'une de mes collègues psychologue a réalisé le travail de psychothérapie. Elle l'a rencontrée de façon hebdomadaire les deux premiers mois, puis de façon un peu plus espacée. Mois après mois, la symptomatologie dépressive a commencé à s'estomper, laissant réapparaître les rayons de soleil cachés sous cet orage intérieur.

Finalement, ce jour-là, Mathilde arrive à l'heure et présente un sourire que je n'avais pas encore vu jusqu'à présent. Elle va un peu mieux, elle reprend timidement le goût de vivre. Je lui explique l'importance de maintenir le traitement antidépresseur plusieurs mois afin de consolider l'amélioration du moral, ce qu'elle accepte. Nous discutons alors du suivi et elle m'informe des étapes qu'elle avait franchies avec l'aide de sa thérapeute. Elle me parle des débuts difficiles, où elle ne s'autorisait pas à évoquer le prénom de son frère sans fondre en larmes, puis me rappelle le sentiment de colère et d'incompréhension qu'elle avait pu exprimer à son égard, source d'une culpabilité intense. Elle évoque aussi la lettre qu'elle a écrite à ce défunt frère, cette lettre d'adieu qu'elle n'a pas pu lui verbaliser à l'époque. Tout en me racontant avec soin ses ressentis, elle sort de sa poche une feuille de papier, pliée en quatre. C'était l'exercice qu'elle devait faire avec la psychologue pour la prochaine séance. « C'est une lettre à mon moi du futur, à celle que je serai dans trois ans. C'est un exercice qui a été éprouvant mais qui, finalement, m'a fait du bien », m'explique-t-elle. Par respect pour son intimité, je ne m'autorise pas à la lire, même si peut-être c'est quelque chose qu'elle attend de moi. Au terme de la consultation, après l'avoir raccompagnée à la sortie du bureau, je referme la porte derrière elle. Je m'affale sur l'un des fauteuils. Je suis lessivé ! Le regard dans le vide, je n'arrive plus à réfléchir, le tumulte de mes pensées laisse place à un doux silence dont je veux profiter encore quelques instants avant de rentrer à la maison.

Étapes du deuil

Le deuil est un processus non pathologique comprenant différentes réactions face à la perte d'une personne proche. Il est classiquement décrit comme une succession d'étapes que franchit l'endeuillé : choc, déni, colère, tristesse, puis acceptation.

Plus schématiquement, le deuil peut être décrit en trois phases la première correspond à l'annonce de la perte, associée à un état de sidération affective et à la prise de conscience progressive du caractère irréversible de la perte. La deuxième phase est la période de décharge émotionnelle où se mélangent des sentiments de tristesse, de culpabilité, de colère, etc. Enfin, la troisième phase est celle de reconstruction, dans laquelle l'endeuillé s'adapte à cette nouvelle vie et réorganise son quotidien, afin de continuer à vivre, différemment.

Dépression

La dépression est une maladie psychiatrique qui fait partie de la famille des troubles de l'humeur. Elle est caractérisée par la survenue depuis plusieurs semaines d'un ensemble de symptômes qui contrastent avec l'état antérieur de la personne. Les symptômes sont très variés : tristesse, perte d'envie et de plaisir dans les relations ou activités auparavant investies, modification de l'appétit et du sommeil, sentiment de fatigue intense, etc. Elle peut être associée à des sentiments de culpabilité et de dévalorisation, le sujet pouvant ruminer autour d'idées noires, voire parfois d'idées suicidaires. La dépression peut survenir sans réel facteur déclenchant, ou bien venir répondre à des événements de vie difficiles, comme dans le cas de Mathilde, à la suite d'un décès.

Pause-café

Exercice : la lettre à soi dans trois ans

Dites-moi, est-ce que vous vous souvenez de la personne que vous étiez il y a trois ans jour pour jour ? Est-ce que le « vous » du passé aurait pu imaginer ce que vous êtes devenu aujourd'hui ? Où vous en êtes, ce que vous faites de votre vie… Dans cet exercice je vous propose de vous munir d'un stylo et de griffonner les lignes suivantes pour vous écrire, à vous, dans trois ans !

En panne d'inspiration ? Je vous propose quelques pistes : commencez par lui écrire (au « vous » dans trois ans) où vous en êtes aujourd'hui. Quelle est votre situation ? Où vivez-vous ? À quoi ressemble votre environnement là, maintenant, pendant que vous écrivez ? Que faites-vous en ce moment dans votre vie ? Avez-vous une passion actuellement ? Bref, vous l'aurez compris, donnez un maximum de détails. Maintenant, questionnez-vous : qu'aimeriez-vous lui dire à cette personne que vous serez dans trois ans ? Qu'espérez-vous qu'elle ait accompli ? Que lui souhaitez-vous ?

Laissez-vous aller à votre imagination, ce moment vous appartient. Prenez le temps qu'il faut pour cette écriture, vous le méritez.

…

Comment ça va aujourd'hui ?

Témoignage d'une patiente

Sonia nous raconte une partie de sa thérapie.

« Lorsque j'ai contacté Frédéric, psychologue, la première fois, j'étais à un tournant de ma vie. J'étais perdue, désespérément perdue. Ma vie entière m'échappait. Je remettais tout en question. Il faut dire que la vie n'avait vraiment pas été simple depuis quelques années. De nombreuses pertes dans ma famille, dont le décès de mes deux parents, avaient brisé mon cœur. Meurtrie, mais avec une terrible envie d'avancer… urgence de VIVRE. Oui, mais comment ? Par où commencer ? Quels choix faire ? Je ressentais l'envie d'être libre et de redémarrer autrement. Plaquer ma vie actuelle ? Mon mariage ? Mon boulot ? J'étais comme incapable de prendre la moindre décision. J'étais complètement déstabilisée par cette situation, moi qui avais l'habitude de tout contrôler. Ce premier appel à Frédéric était mon ultime espoir et j'ai eu raison de lui faire confiance.

Après avoir partagé trois ou quatre séances ensemble, comme à chaque début de consultation, il me demande quelle est la météo de mes émotions. Comment je me sens depuis la dernière fois et qu'est-ce que j'ai envie de lui raconter. Je lui explique que c'est très difficile dans mon couple et que je ne sais toujours pas où j'en suis ni quelle décision prendre. Nous n'avons aucun problème particulier si ce n'est que je ne trouve plus ma place dans cette vie. C'est oppressant. C'est ma principale problématique du moment. Même s'il a pris en compte ma vie passée et les traumatismes que j'ai vécus, Frédéric se concentre sur le présent. C'est de cette manière-là qu'il accompagne ses patients.

Je lui exprime ma peur de me tromper, de faire le mauvais choix et de ne plus pouvoir revenir en arrière. Je sais que la vie peut être très courte… Je veux prendre la bonne décision. Je doute, j'ai peur, j'étouffe, je souffre et je fais souffrir, je culpabilise… Il me sourit, toujours, et me dit : "Un couple décide d'apprendre à danser ensemble. Alors ils commencent, hésitants, mais c'est plaisant pour eux. Et puis l'homme, par maladresse, marche sur le pied de sa femme. Elle a alors deux options qui se présentent à elle. Elle peut éclater de rire, et rire avec lui, et ils peuvent se remettre à danser à deux. Ou elle peut se fâcher, l'incriminer d'avoir gâché la danse, et cesser de danser avec lui." Et enchaîne : "Sonia, tu danses avec ton mari depuis de nombreuses années. Et la décision que tu souhaites prendre aujourd'hui est difficile car très lourde pour toi. Il n'y aura pas de bonne décision, juste la tienne. Mais pour avancer vers ta réponse, si tu tentais de prendre la première option de mon exemple ? Et si tu décidais de rire ? Si pendant quelques jours, tu essayais de vivre les événements qui arrivent avec moins de gravité ? Et si face à une situation donnée tu décidais, toi, de prendre l'option la plus légère ?"

Voilà. Mon phare dans la pénombre venait soudain de tout éclairer. Il a réveillé mon optimisme. Il m'a allégée de trop de lourdeurs que je m'imposais sans vraiment en avoir conscience. Cette séance a été salvatrice. Les jours qui ont suivi, j'ai redécouvert mon mari, qui, lui, était resté patient et bienveillant dans cette tempête. J'ai réalisé l'évidence de cet amour que je croyais perdu. J'ai à nouveau ri, du fond du cœur ! Cette consultation a été celle de mon retour à moi-même, le déclencheur vers l'alignement que je cherchais. Tout n'est pas parfait, bien sûr. Le chemin est long et semé d'embûches, mais la vie est un cadeau merveilleux.

En écrivant ces mots, ce soir, je réalise une nouvelle fois non seulement la chance que j'ai d'avoir la vie que je mène, mais surtout la gratitude d'en être pleinement consciente. »

Léon et ses visions

SOS FANTÔMES !

Aujourd'hui, l'heure indique 18 heures pile lorsque Mme M. arrive à mon cabinet complètement exténuée, accompagnée de son enfant. Mme M. est la maman de Léon, un jeune garçon de 11 ans, qui, selon elle, a beaucoup de mal à réguler ses émotions. Lorsque je reçois des enfants à mon cabinet, avant de m'adresser au parent, je m'adresse toujours à l'enfant :
– Bonjour Léon, je m'appelle Amandine et je suis enchantée de te rencontrer ! Tu sais pourquoi ta maman t'a amené ici ?
– Oui, je crois ! Parfois, je suis angoissé ou frustré et, quand ça arrive, je me mets en colère, surtout avec papa et maman. Je n'aime pas être comme ça, mais je ne sais pas faire autrement.
– Très bien, Léon ! Nous allons discuter ensemble avec ta maman et, si tu as envie de dire quelque chose, tu n'hésites pas à intervenir, d'accord ?

Léon hoche la tête en signe d'acquiescement, un brin intimidé. Sa maman m'explique qu'ils ont couru les spécialistes depuis plusieurs mois : psychologue, médecin, psychomotricienne, sans apporter une réelle amélioration aux difficultés rencontrées. Ils attendent tous deux les résultats de tests passés récemment, notamment le WISC-IV, qui est le test officiel pour mesurer le QI des enfants et permet l'identification d'un éventuel haut potentiel intellectuel (HPI), ainsi qu'un test qui permet d'évaluer l'attention de l'enfant pour diagnostiquer un éventuel trouble de l'attention (TDAH). Le premier résultat tendait déjà vers une précocité concernant Léon. En attendant, ils sont tous les deux dépourvus de solutions et assez las de la situation. Je prends le temps de discuter avec Mme M. avant de l'inviter à sortir de la pièce pour pouvoir discuter en tête à tête avec Léon.

Lorsque sa maman sort, après quelques minutes à nouer un lien de confiance avec Léon, sa langue se délie peu à peu. Il me parle beaucoup de sa mamie, qui est décédée trois mois plus tôt et dont il était très proche. Il pleure beaucoup à son évocation. Puis, il me raconte ses crises émotionnelles qu'il définit comme de la « frustration qui explose » et surtout de ses peurs, qu'il peut avoir, notamment, le soir à l'endormissement :
– Tu saurais me dire, Léon, ce qui te fait peur le soir, au moment de dormir ?
– *(Long silence.)* Je ne sais pas, j'ai peur. J'ai peur quand je ferme les yeux.
– Qu'est-ce qu'il se passe lorsque tu fermes les yeux ?

Je sens que Léon a envie de me dire quelque chose, mais qu'il n'ose pas vraiment. Il déglutit dans sa gorge serrée et me lâche :
– Je sens des trucs dans ma chambre. Parfois, je crois que c'est mamie. Je la vois au bout du lit. Quand c'est mamie, ça va, je n'ai pas trop peur, mais quand c'est les autres, j'ai vraiment trop peur et je vais dormir avec maman.
– Qu'est-ce que tu appelles les autres, Léon ?
– Les autres fantômes qui sont morts ! Il y en a qui font vraiment peur.

– Et ces fantômes, tu les vois avec tes yeux ?
– Des fois oui, des fois non. Souvent, je les sens, avec mon nez. Il y en a qui puent, mais quand c'est Mamie, elle sent bon, je sais que c'est elle et ça me réconforte.
– Merci Léon de m'avoir confié cela. C'est courageux de me parler de ça, je sais que ce n'est pas facile. Tu en as déjà parlé à quelqu'un d'autre ?
– Oui, je l'ai déjà dit à maman, mais elle n'aime pas trop quand je lui dis ça, alors je lui dis pas à chaque fois.

Je reste très ouverte à ce que me dit Léon, sans *a priori* et sans jugement, qu'importe mes croyances ou les siennes d'ailleurs. Je demande à Léon s'il est d'accord que l'on évoque cela avec sa maman et, encore une fois, il hoche positivement la tête. Lorsque Mme M. revient, je lui relate, avec prudence, les propos de son fils. Avec un léger soupir et en roulant son regard vers le ciel, elle me répond qu'il lui a déjà parlé de ça, mais qu'elle ne préfère ne pas trop y prêter attention parce que cela lui fait peur à elle aussi. Je lui explique qu'il m'a beaucoup parlé de sa mamie et elle sourit en me disant : “Sa grand-mère était médium, nous connaissons cela dans notre famille, mais ma mère, ça l'a complètement isolée dans son monde d'être comme ça.”

Après avoir discuté quelques instants à ce sujet, en évoquant les différentes pistes liées à la peur, à l'imaginaire, à la médiumnité mais aussi aux pathologies, je lui propose de rencontrer une pédopsychiatre de confiance qui est très ouverte et sensible aux profils atypiques comme Léon. Je sens une réticence à l'idée d'aller consulter en psychiatrie, elle qui avait essayé de contourner cela jusqu'ici. Je lui explique que cela pourrait les aider à éliminer des pistes pour pouvoir, éventuellement, se pencher sur les autres. L'heure des au revoir sonne. Je tends un Post-it® avec le numéro de la psychiatre à Mme M. quand Léon lui dit : "Je voudrais revenir voir Amandine, maman, tu crois que je peux ?" Sa maman m'emmènera Léon en consultation régulièrement pour l'accompagner à traverser ses émotions, ses angoisses et ses peurs avec la sophrologie et ces séances lui feront beaucoup de bien. Mais, jusqu'ici, il n'a toujours pas consulté de psychiatre.

Hallucination, illusion, imagination : quelle différence ?

Une **hallucination** est définie comme la perception d'un stimulus qui n'existe pas. Elle prend généralement la forme d'une perception sensorielle, qui peut être visuelle, auditive, tactile, olfactive, etc. Dans ce cas, la personne n'a pas l'impression d'entendre ou de voir quelque chose, elle l'entend et le voit réellement, seulement les autres, eux, ne le perçoivent pas. Les causes des hallucinations sont multiples, on en retrouve notamment dans les maladies psychiatriques, mais aussi dans les traumatismes crâniens, la prise de certaines drogues, lors de migraines avec aura (dans lesquelles l'aura est une hallucination visuelle) ou parfois même lors de l'endormissement ou au réveil.

Une **illusion** est, quant à elle, définie comme une perception déformée d'un stimulus réel. Elle touche les différents sens : la vue comme dans le cas des illusions d'optique (souvenez-vous les trompe-l'œil ou bien le fait de confondre un arbre avec une ombre dans l'obscurité), mais aussi l'audition (entendre une phrase française dans une chanson étrangère par exemple).

L'**imagination**, elle, est la capacité à produire dans son esprit des images mentales, des sons, des sensations. Dans ce cas-là, il n'y a pas de perceptions extérieures. Elle fait intervenir la mémoire, les émotions et la créativité. Si je vous dis « Imaginez un renard roux qui porte un chapeau haut de forme et un monocle, assis à une table de jardin, prenant le thé avec une autruche portant un joli collier de perles nacrées », ce que vous voyez, c'est votre imagination qui le permet. Il existe d'ailleurs un phénomène qui se nomme l'« aphantasie », dans lequel certaines personnes décrivent cette incapacité à se représenter des images mentales.

Haut potentiel intellectuel (HPI)

Surdoué, haut potentiel intellectuel, enfant précoce, zèbre… d'après Jeanne Siaud-Facchin, voici sous quels termes nous pouvons retrouver le HPI. Que cela soit le cas pour un enfant ou pour un adulte, être haut potentiel, c'est répondre à certaines caractéristiques spécifiques dont, notamment, un QI évalué comme étant supérieur à 130. Parmi ces autres caractéristiques, plus émotionnelles, cognitives et comportementales, évoquant un HPI, nous pouvons retrouver : une hypersensibilité et une surexcitabilité des cinq sens avec un monde émotionnel très riche ainsi qu'une imprégnation plus sensible du monde extérieur. C'est aussi une pensée, dite en arborescence, qui est rapide, riche, créative, associative et divergente. Les profils HPI pensent beaucoup, analysent beaucoup, ressentent beaucoup. Il peut aussi exister un sentiment de décalage avec les autres, ce qui a pour conséquence le développement d'un « faux *self* »[11], important pour s'intégrer au groupe et correspondre aux attentes « conformes » du monde, des autres. Être HPI, cela n'est pas nécessairement être plus, mais plutôt être autrement.

11. Le faux *self* est un masque social que l'on se construit pour interagir avec le monde extérieur.

Le regard du psy

Certaines situations nécessitent un avis médical et, dans le cas de Léon, cela était tout à fait pertinent de réorienter vers un médecin, qu'il soit pédopsychiatre, pédiatre ou bien même médecin traitant. Qu'un enfant vous rapporte au détour d'une conversation « Au fait, j'ai vu mamie hier soir dans ma chambre », cela peut être assez déconcertant. Authentique phénomène hallucinatoire ? Illusion ? Processus imaginatif ou peut-être même don de médiumnité ? C'est en tout cas des parents pleins de questionnements qu'il m'est aussi arrivé de rencontrer en consultation pour un motif similaire à celui de Léon. Mais, avant cela et bien souvent, il y a cette barrière qu'il faut s'autoriser à franchir. Celle de consulter en psychiatrie !

Demander un avis psychiatrique est pour chaque personne une épreuve et encore plus lorsqu'il s'agit de son enfant. Il y a surtout cette crainte d'entendre qu'il développe des symptômes évocateurs d'une maladie psychiatrique, et notamment une schizophrénie. Alors, on banalise, on cache cette crainte sous le tapis, on se dit que ça va passer ou l'on consulte d'autres thérapeutes. Que l'on se rassure, ce n'est pas parce que l'on a une douleur dans le ventre que c'est systématiquement une tumeur. De même, ce n'est pas non plus parce que l'on vit un phénomène hallucinatoire que cela traduit systématiquement une schizophrénie. Souvent, chez l'enfant, ce phénomène est tout à fait banal et ne prédit pas forcément la survenue ultérieure d'une maladie, mais il peut être quand même important d'évaluer la situation, pour être sûr de ne pas passer à côté d'autre chose.

Et vous, avez-vous vécu des événements étranges dont vous n'osez pas parler ? Si oui, lesquels ?

Qu'est-ce qui vous empêche d'en parler ?

Pause-café

Exercice : rationaliser la peur d'avoir peur

Nos peurs peuvent être nourries par un imaginaire fertile, une anxiété qui perçoit le futur par les pires catastrophes à venir, par notre sensibilité et notre perméabilité au monde extérieur ou subtil. Dans cet exercice, je vous propose d'essayer de rationaliser vos peurs pour en faire des alliées et pouvoir tirer les enseignements de celles-ci.

Pour cela, après avoir ciblé vos peurs, pour chacune d'entre elles ou pour les plus gênantes dans votre quotidien, je vous invite à observer ce que cette peur vous raconte dans votre mental (votre imaginaire) en osant aller jusqu'aux idées les plus farfelues ou les pires. Ensuite, essayez de revenir dans une pensée plus rationnelle, plus réaliste qui pourrait activer une certaine neutralité émotionnelle. En osant aller jusqu'au bout de votre imagination, vous verrez que vos constructions mentales peuvent être puissantes et bloquantes, mais, en prenant conscience de celles-ci, vous parviendrez à revenir dans une réalité plus objective.

Voici un exemple :

J'imagine :

– on va me regarder et me juger ;
– je vais bafouiller et perdre mes mots ;
– je vais rougir et ça va se voir ;
– je vais faire un malaise ou une crise d'angoisse.

Ma peur :

j'ai peur de parler en public.

Je rationalise :

– même si je rougis, peu risque d'y prêter attention ;
– si je fais un malaise, cela peut arriver à tout le monde et il y a plus de chance que l'on s'occupe de moi plutôt que l'on me juge ;
– si je perds mes mots, je peux en rire, cela pourrait décontracter le public.

...

Petite astuce pour réaliser cet exercice en pleine conscience : lorsque vous notez ce que vous imaginez, observez les sensations corporelles et émotionnelles qui s'activent en vous. Et observez, ensuite, s'il y a un changement dans ces sensations lorsque vous rationalisez.

Par exemple, lorsque vous imaginez le pire, vous pouvez ressentir le cœur qui s'emballe, un nœud dans l'estomac ou dans la gorge, une sensation de chaleur ou tout autre chose en fonction de chacun. Peut-être que, lorsque vous rationalisez, vos sensations peuvent s'apaiser et s'essouffler d'elles-mêmes. Beaucoup de choses partent de la pensée et uniquement cela. Observez, c'est à vous !

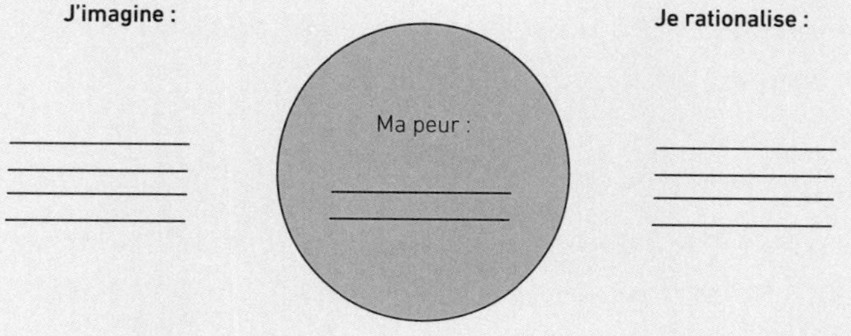

La schizophrénie d'Eliot

D'OCCULTES SYMBOLES ENCRÉS SUR LES MAINS

Nous sommes en 2017, c'est mon tout premier stage d'interne à l'hôpital psychiatrique. Je suis arrivé dans le service depuis seulement un mois et demi. Je suis un « bébé médecin », comme un poussin je sors tout juste de ma coquille. Je n'ai pas de réelle expérience du terrain, hormis celle de ces six premières années de médecine où l'on passe plus de temps à engloutir les manuels qu'à voir des patients. Il est 18 heures passées, soit bientôt l'heure de rentrer à la maison, lorsque le téléphone du bureau infirmier retentit. Corinne échange quelques mots avec son interlocuteur, raccroche et se tourne vers moi : « On a une entrée qui arrive », me dit-elle. Un simple « Ah » sort de ma bouche, car je comprends que, ce soir, je ne rentrerai pas si tôt que ça.

Quelques instants plus tard, l'ambulancier arrive avec notre patient. Il accompagne Eliot, un jeune homme de 22 ans. De son jogging à sa veste zippée, tout de noir vêtu, c'est tête baissée qu'il se présente à moi. Il porte des lunettes de soleil, ainsi qu'un casque audio sur les oreilles. J'entends la musique de là où je suis, une sorte de hard-rock qui à mon avis doit littéralement lui déchirer les tympans. À ma demande, il accepte de retirer ses lunettes et son casque, et je sens alors un regard méfiant se poser directement sur moi. Je reconnais l'émotion dans ses yeux, c'est un regard de peur. Eliot est angoissé.

Il m'explique difficilement qu'il est étudiant en droit en troisième année ; enfin, qu'il était, car, depuis la rentrée de septembre, il a dû aller à deux cours maximum. À la place, c'est dans son studio d'étudiant qu'il passe la plupart de son temps. Volets fermés, porte verrouillée, cela fait maintenant plus d'un mois qu'il n'a plus vu les quelques amis qu'il s'est faits puisque, à force de refuser de les voir, ils ont baissé les bras et ont arrêté de le solliciter. Le seul contact qu'il garde est celui avec son père, qui l'accompagne d'ailleurs ce soir-là. Celui-ci ne reconnaît plus son fiston, avec qui il avait l'habitude d'aller pêcher le week-end sur les berges du fleuve qui longe l'arrière-jardin de la maison familiale. À la place, c'est un jeune homme replié sur lui-même qu'il côtoie. Son hygiène corporelle laisse à désirer, tout comme l'état de son appartement. Des assiettes sales dans lesquelles de la sauce tomate durcit avec le temps traînent parmi les paquets de cigarettes vides et les livres traitant du paranormal.

Ces livres-là, parlons-en. Eliot a commencé à s'y intéresser depuis quelque temps déjà. Il en a acheté un premier après avoir reçu « l'appel » au cours de l'hiver précédent. Il me raconte qu'un soir de pleine lune, il a eu cette sensation étrange qu'au journal télévisé, on parlait de lui. Il soupçonnait aussi que des personnes mal intentionnées aient installé des caméras dans la télé, alors il avait décidé de la recouvrir d'un drap pour éviter d'être espionné. Par la suite, ce sont des voix qui lui sont parvenues, une voix de vieille femme mais surtout la voix rauque d'un homme qui lui répétait en boucle « Attention ! Attention ! » et qui lui imposait de s'orienter vers des ouvrages traitant de sciences occultes pour se protéger. C'est à partir de ce moment-là qu'il a commencé à mettre son casque sur les oreilles, pour masquer les voix, celles-ci devenant de plus en plus présentes. Après m'avoir fourni ses explications, mes yeux se sont posés sur ses mains. Celles-ci sont recouvertes de symboles mêlant hiéroglyphes, runes celtiques et autres pentacles occultes. « C'est pour me protéger des nazis ! me dit-il d'un ton inquiet. Je sais qu'ils se cachent et qu'ils veulent me torturer. »

Là, je comprends que l'entretien va prendre une tournure différente. Une hospitalisation est nécessaire, afin de mettre en place un traitement pour apaiser la symptomatologie, diminuer ses idées délirantes mais surtout ses hallucinations, qui sont trop angoissantes pour lui. Lorsqu'Eliot comprend qu'il va rester hospitalisé, une bouffée d'angoisse l'envahit. Difficilement rassurable, la peur croissant et l'envahissement devenant majeur par les hallucinations, un traitement en urgence doit lui être administré afin de l'apaiser. Une **hospitalisation sous contrainte** est décidée, afin de pouvoir traiter au mieux ce jeune homme le temps nécessaire. Hospitaliser une personne contre son gré, ce n'est jamais facile en tant que soignant. C'est même toujours un moment pénible pour moi. C'est comme les gardes, ce n'est pas mon truc. J'ai cette désagréable impression de priver de liberté une personne, de lui imposer un traitement. C'est toujours un sentiment plutôt dérangeant et une décision compliquée à prendre. Mais je le sais et j'en suis aussi convaincu : dans certaines situations, cela est nécessaire, parfois vital, pour le patient avant tout, pour éviter qu'il ne se mette en danger. J'ai eu l'occasion de voir à plusieurs reprises à quel point cela pouvait sauver des vies.

Alors, oui, bien souvent nous endossons le rôle de méchant, celui de Jafar ou bien d'Ursula, nous acceptons de prendre la décision, celle d'imposer l'hospitalisation, mais à quel prix ? Si c'est pour une amélioration des symptômes et une diminution des angoisses du patient, alors je signe avec conviction. J'accepte de recevoir la colère de plein fouet, d'entendre les noms d'oiseaux et autres menaces qui me sont directement adressés, tout en prenant soin de ne pas le prendre personnellement, car c'est au médecin qu'elles sont destinées, à la figure d'autorité. Je reste donc droit dans mes bottes et tente de rassurer un maximum. Car souvent, après apaisement de la crise, les patients sont eux-mêmes plus critiques vis-à-vis de leur état du moment, celui qui a nécessité l'hospitalisation. Et, à partir de là, c'est dans une ambiance plus sereine qu'évolue la relation thérapeutique.

Schizophrénie

La schizophrénie est peut-être la maladie psychiatrique qui fait le plus peur au grand public, mais qui paradoxalement est la moins connue par les gens. C'est une maladie qui touche 1 % de la population, donc autant vous dire que vous croisez des personnes qui en souffrent tous les jours. En effet, il faut mettre de côté cette image faussée de la maladie que l'on peut voir dans certains films. Une personne souffrant de schizophrénie n'est pas un psychopathe qui a une double personnalité. C'est une personne qui souffre d'une maladie caractérisée par une perte de contact avec la réalité et présentant des symptômes qui peuvent être très invalidants. On peut retrouver notamment des hallucinations ou bien des idées délirantes, mais pas seulement. En effet, il existe d'autres symptômes comme le repli social, des difficultés à organiser sa pensée et son discours, à mettre en place les actions ou bien encore des altérations des fonctions dites cognitives (la mémoire, l'attention, la planification des actions, etc.)

La schizophrénie est une maladie chronique, au même titre que le diabète. De ce fait, un traitement médicamenteux est important et même nécessaire pour diminuer la symptomatologie afin que la personne puisse au mieux vivre sa vie et ne pas être handicapée par la maladie.

Hospitalisation sous contrainte

Lorsque nous avons besoin de soins, nous disposons généralement de la capacité à y consentir ou non. En psychiatrie, il arrive que, dans certaines maladies, les symptômes altèrent les capacités de jugement du patient et donc celle à consentir aux soins (par exemple : un patient délirant, un patient en crise suicidaire, etc.). C'est pour cela que l'hospitalisation sous contrainte existe, et ce, pour une durée déterminée. Mais attention, pour éviter toute hospitalisation abusive, il existe un protocole à respecter afin de pouvoir la réaliser, qui consiste notamment en plusieurs évaluations par des médecins et psychiatres différents, puis des réévaluations lors des premiers jours afin de confirmer ou non l'indication.

Et vous, quelle était la dernière fois
où vous avez ressenti une émotion si forte ?

Habituellement, comment réagissez-vous
lorsqu'elle se manifeste ?

Pause-café

Exercice : sublimer sa colère

Au même titre que la tristesse ou la joie, la colère fait partie de notre panel d'émotions. Sur le plan physiologique, elle se manifeste généralement de la même façon (tension musculaire, accélération du rythme cardiaque, etc.). D'une manière générale, il est important d'exprimer ses émotions, car si nous tentons de les ignorer, elles tambourinent encore plus fort à la porte. C'est un peu comme ce voisin désagréable que vous ne voudriez pas inviter à un barbecue lors d'une fête de quartier. Si vous le laissez à la porte, il tambourine encore et encore, et tout le monde est focalisé dessus, la fête est gâchée. Mais si vous l'autorisez à entrer comme les autres voisins, que vous vous en occupez un peu et lui servez une petite brochette, à ce moment-là il se calme et vous êtes vous-même un peu plus disponible pour vos autres convives.

Les émotions vont et viennent, nous ne les contrôlons pas. Cependant, nous pouvons décider comment nous y réagissons. Parfois, la colère peut être destructrice (pensez aux personnes qui tapent dans des murs ou bien tiennent des propos à leurs proches qu'ils vont regretter après-coup), mais la charge émotionnelle peut alors être orientée vers un autre but. C'est le principe de la sublimation : transformer une énergie négative en énergie positive.

Dans cet exercice, je vous invite à réfléchir à d'autres façons de laisser s'exprimer la colère. Comment est-il possible de la sublimer et donc la transformer en quelque chose de plus positif ?

Lorsque je suis en colère, je peux :

Exemple : *prendre une toile, de la peinture et laisser exploser ma créativité*

....

....

....

....

Témoignage d'une patiente

« Aujourd'hui, ce n'est pas une séance en particulier que je voudrais raconter, ce serait plutôt l'ensemble de la psychothérapie que j'effectue avec un infirmier de centre médico-psychologique, et je voudrais le remercier pour son travail et son investissement envers mon histoire personnelle. Je suis une jeune femme atteinte d'un trouble schizo-affectif (une certaine forme de schizophrénie) depuis mon adolescence. J'ai fait des études et mené ma vie malgré tout, et c'est envers cet infirmier que j'ai rencontré finalement assez tardivement dans l'histoire de la maladie que je voudrais exprimer toute ma gratitude. Il doit s'agir de la personne qui connaît le mieux ce qui se passe dans ma tête, bien que je ne connaisse pas un seul de ses loisirs ou bien même son nom de famille. Et pourtant, il m'est venu en aide à certains moments assez critiques de ma maladie ou de ma vie, et n'hésite jamais à prendre de son temps plusieurs fois par semaine, aux moments où j'en ai besoin.

Pendant un séjour récent à l'hôpital, j'étais soutenue par les infirmiers sur place, mais il a quand même tenu à m'appeler et même à remettre *en cause les propos un peu "limites" d'un médecin en me disant la phrase suivante, qui témoigne de sa franchise et devrait probablement être affichée au-dessus du bureau de certains praticiens : "Vous savez, les médecins sont des êtres humains et, parfois, ils disent de la m****."*

Je pense qu'il est important de remettre les choses à leur place quant à la hiérarchie qui peut s'opérer à l'hôpital, ou en ville, entre les patients et leur médecin. Il me semble que l'intérêt de cette relation de soin un peu particulière est que tous les deux nous sommes une équipe, qui a pour but de stabiliser mes humeurs et mes symptômes au mieux, pour améliorer mon quotidien. Même si je ne lui viens pas en aide, il s'agit de son métier, nous nous plaçons donc sur un pied d'égalité et, lors de ces entretiens, nous avons le même but.

Cependant, cette égalité n'empêche pas la profonde gratitude et la reconnaissance que je peux avoir envers cet infirmier, dont la qualité d'écoute est assez exceptionnelle. Je ne sais pas si cet investissement hors du commun est dû à sa personnalité, à la résonance que peut avoir ma propre histoire ou bien à un mélange des deux. »

La crise de milieu de vie d'Alice

UNE FEMME AVEC UNE FEMME

Après avoir enchaîné plusieurs consultations, j'attends cette dernière avec joie puisqu'après cela, je vais pouvoir retrouver la chaleur de mon foyer et mettre à distance ce qui reste, ici, dans mon cabinet. Mais, bien évidemment, jusqu'au bout, je demeure à l'écoute et présente à mes séances. Cela n'empêche pas que l'être humain, derrière la casquette de thérapeute, ait hâte de retrouver les siens et de se déposer, elle aussi, dans son canapé cette fois !

Alice franchit la porte de mon cabinet avec allure et assurance. Elle revient, toujours en dilettante, lorsqu'elle en a besoin. Elle est peu régulière dans ses séances, avec des oublis ou des empêchements de dernière minute. En psychologie, on appelle cela un acte manqué. Quand cela se répète, c'est intéressant pour le thérapeute de le relever. Cela peut donner des informations sur ce qu'il se joue de façon inconsciente. Alice vient me consulter dans un moment de sa vie où tout valdingue puisque sa vie entière est remise en question en ce moment. Elle est en plein processus d'individuation.

C'est quoi ce charabia ?! Vous voulez un indice ? Alice a 42 ans. . Elle traverse la crise de milieu de vie, plus connue sous le nom de crise de la quarantaine. Elle a besoin de vibrer, elle a besoin de ressentir des émotions fortes, elle a besoin de donner du sens à son existence, mais, avant cela, il y a le douloureux constat que jusqu'ici, rien ne va. Si rien ne va, c'est qu'Alice se découvre une attirance pour les femmes, elle qui était encore mariée il y a six mois et n'avait jamais envisagé de vivre cela. Pourtant, c'est un coup de foudre inexplicable qui l'emmène sur les chemins de l'homosexualité. Sauf que, au vu de son histoire et de ses croyances, c'est compliqué pour Alice qui a été abandonnée à la naissance dans un orphelinat d'Algérie et donc n'a jamais connu ses parents biologiques, d'origine musulmane. Elle est ensuite arrivée en France, à l'âge de 9 mois, adoptée par des parents d'origine catholique. Alice ne sait plus sur quels repères s'appuyer et elle se sent perdue. Elle ne sait plus du tout qui elle est : ni ethniquement, ni religieusement, ni personnellement, ni sexuellement. C'est comme si, à 40 ans, les piliers de vie d'Alice s'effondraient et, le pire, c'est que dans ces nouveaux besoins et nouvelles envies qui émergent, elle se sent rejetée de tous, ou presque. Son ex-mari a très mal réagi quant à cette nouvelle orientation sexuelle qu'elle a décidé d'assumer, alors que ses enfants, jeunes adultes, l'ont plutôt soutenue. Elle s'est mariée jeune, a eu des enfants dans la foulée et tout avait déjà été tracé par ses parents adoptifs. Elle faisait ce que l'on attendait d'elle. Elle a suivi ce chemin sans se poser de questions, comme pour honorer ses parents aimants qui l'avaient élevée. Mais les questions n'ont pas tardé à arriver puisqu'au fond d'elle, quelque chose n'allait pas. Elle s'est toujours dit que c'était sa blessure d'abandon qui vivait en elle et qu'elle ne pourrait rien y changer puisque cet abandon à la naissance a bien eu lieu.

Aujourd'hui, elle doute. Elle se demande si sa véritable orientation sexuelle n'a pas été refoulée, créant ce mal-être grandissant, d'année en année. En tout cas, d'un point de vue psychologique, la psyché d'Alice est fragilisée au départ par cet abandon, puis cette quête identitaire et, désormais, par cette nouvelle orientation sexuelle. Alice ne sait plus qui elle est, elle qui ne l'a jamais totalement su. Pour autant, Alice est hyper à l'aise dans ses baskets ! Ce parcours de vie ne lui a pas fait perdre confiance en elle, au contraire. Elle a toujours nourri cette facette d'une femme souriante, qui parle fort, qui se montre comme pour se prouver à elle-même qu'elle existe. Cela peut être un mécanisme de protection que de mettre son masque social, le faux *self*, en première ligne pour avancer. Mais, pour autant, cela crée un déséquilibre lorsque nous essayons de ramener le vrai *self* au-devant de la scène. Et c'est exactement ce en quoi consiste le processus d'individuation : devenir pleinement *soi* et être en harmonie avec toutes les parties de soi. Terminé cette habitude de faire des choses pour combler les besoins et les attentes des autres. Terminé celle de faire semblant d'être quelqu'un que nous ne sommes pas. Terminé le fait de se contenter d'un peu de bonheur alors que l'on peut connaître l'épanouissement total.

En tant qu'enfant, on grandit à travers le regard de ses parents pour s'en détacher à l'adolescence et se tourner vers celui des autres, afin d'entrer en relation sociale, amicale, amoureuse. Puis on crée une famille, on s'occupe des enfants, de la maison, des autres et on s'oublie. Alice ne veut plus s'oublier. Aujourd'hui, elle s'est choisie, elle. Elle vient chercher de l'aide dans cette nouvelle recherche d'équilibre et c'est exactement le bon moment pour commencer une thérapie. Balayer et pacifier le passé, pour pleinement vivre au présent en se projetant positivement dans le futur. Nombreuses sont les personnes qui poussent les portes des cabinets de thérapeutes ou de psychologues dans cette période singulière de leur vie pour se reconnecter à toute l'unité de leur être. Alice a besoin d'aide pour y voir clair et nous allons cheminer ensemble vers ses besoins, ses valeurs et ses aspirations profondes.

Processus d'individuation

Aussi surnommé la crise du milieu de vie (ou celle de la quarantaine), le processus d'individuation est un concept établi par Carl Gustav Jung. Ce concept psychanalytique est décrit comme un véritable passage de la globalité vers l'unité. En effet, l'enfant, pour grandir, a besoin du regard de son adulte de référence pour prendre confiance en lui et ses capacités pour arpenter ce nouveau monde.

La crise d'adolescence permet à l'enfant de se détacher du regard du parent ou de l'adulte de référence pour se tourner vers les autres, vers le groupe social qui semble lui correspondre. Puis, l'adolescent grandit, évolue en société, crée sa propre famille et, dans tout ce processus intérieur, le regard des autres est omniprésent, à tel point que certains parfois ne vivent qu'à travers le regard d'autrui en répondant aux besoins de celui-ci et non à leurs propres besoins.

C'est à ce moment-là, aux alentours de 40 ans (en moyenne), que le processus d'individuation entre en jeu. L'individu se rend compte (soudainement, violemment ; paisiblement : cela dépend du fossé...) qu'il a des besoins personnels et qu'il a le droit d'être libre, de les écouter et d'y répondre sans prétendre correspondre à qui que ce soit d'autre que lui-même. Tout cela pour tendre vers l'unité de son être. Tout peut être remis en question lors de ce processus, surtout si celui ou celle que nous avons été jusqu'à présent est loin de notre idéal, indispensable à notre équilibre personnel intérieur.

Si l'individu a déjà fait un travail personnel, écouté ses besoins et ses valeurs profondes pour y répondre autant que possible, alors il n'aura qu'une petite rivière à franchir pour passer ce cap. Si, en revanche, l'individu n'a fait que répondre aux besoins et aux attentes des autres, s'est oublié lui-même dans son travail, sa vie familiale, sa parentalité, alors c'est à ce moment-là que la crise peut sacrément secouer !

Blessures émotionnelles

Qu'il s'agisse d'injustice, de rejet, d'humiliation, d'abandon ou de trahison, les blessures émotionnelles qui nous habitent viennent de nos expériences passées non acceptées. Ces blessures fondamentales teintent nos expériences de vie, nos relations, nos comportements et bouleversent notre épanouissement profond si elles ne sont pas reconnues et guéries. Ces blessures naissent généralement dans l'enfance, mais peuvent aussi être la résultante de souvenirs douloureux, désagréables, non digérés ou de traumatismes.

Comme point de départ à ces blessures émotionnelles, nous pouvons retrouver le manque, la violence, la négligence, l'absence, la perte, la maltraitance... Que cela parte d'un vécu réel ou soit perçu comme tel par l'enfant. De par la souffrance qu'elles nous font vivre, des mécanismes conscients ou inconscients sont mis en place pour

...

ne plus jamais raviver cette blessure. Par exemple, une personne ayant la blessure d'abandon fera tout pour ne plus jamais revivre un abandon, quitte à tomber dans la dépendance affective ou s'enfermer dans une relation toxique, préférant cela à revivre un nouvel abandon et finir seule.

Le regard du psy

L'histoire d'Alice ne vous fait-elle pas penser à ce qu'on appelle « la crise de la quarantaine » ? Peut-être bien, mais, en tout cas, il existe certains moments de la vie, qu'on ait 40 ans, ou bien 25, 58 ou plus, où l'on se rend compte que les planètes ne sont pas alignées, que l'on vit à côté de soi. Parfois, cela prend la forme d'une simple remise en question professionnelle, parfois il s'agit de questions existentielles. Toutes n'entraînent pas forcément des souffrances, certains utilisent cette phase comme un tremplin pour une nouvelle étape de leur vie, mais, pour d'autres, cela peut être plus délicat à gérer, et un accompagnement peut être utile pour traverser ces périodes.

Et vous, y a-t-il des choses dans votre vie qui ne vous correspondent plus du tout ? Quelles sont vos aspirations profondes ?

Pause-café

Exercice : ce que je veux vraiment

Je vous invite à faire le tri, crise de la quarantaine ou pas, dans vos aspirations profondes, vos besoins, vos envies pour les mettre en avant et les nourrir. Pouvoir lister ce que l'on veut vraiment permet d'avoir un regard concret sur les choses. C'est comme la fameuse liste des « pour » et des « contre », cela fonctionne toujours et c'est très clair. Je vous propose donc de faire la liste des choses que vous voulez et de celles que vous ne voulez plus, dans ces tableaux. Je vous propose aussi de chercher des actions à mettre en place pour aller dans ce sens, tout en faisant un pacte avec vous-même. C'est un sacré défi que je vous lance là ! Êtes-vous prêt à le relever ?

Ce que je veux	Ce que je peux faire pour l'obtenir	Le contrat que je passe avec moi-même
Être épanouie dans mon activité professionnelle	Je détermine les besoins que j'ai, pour avoir une activité épanouie. Par exemple : *un planning allégé pour m'occuper de mes enfants et de moi, la sensation d'être en vacances tout en travaillant*	Je me fais la promesse de respecter ces besoins lorsque je les aurai trouvés.

Ce que je ne veux plus	Ce que je peux faire pour que cela cesse	Le contrat que je passe avec moi-même
Être en colère en permanence contre mes enfants et leur crier dessus	Je trouve un espace où cette colère peut être exprimée. Par exemple : *sport, créativité, thérapie*	J'observerai ma colère avant que celle-ci ne soit déversée sur les autres.

Ce que je veux	Ce que je peux faire pour l'obtenir	Le contrat que je passe avec moi-même

…

Ce que je ne veux plus	Ce que je peux faire pour que cela cesse	Le contrat que je passe avec moi-même

Alors, vous y voyez plus clair maintenant sur vos besoins, vos envies, vos valeurs ? Quel contrat, avec vous-même, allez-vous honorer en premier ?

Comment ça va chez vous ?

Témoignage d'une patiente

Victoire nous raconte sa séance « fondatrice » de thérapie.

« 18 heures. C'était l'heure de mon premier rendez-vous avec ce psy dont le cabinet était situé juste à côté de chez moi. Pourtant, j'ai réussi, bien sûr, à me tromper de rue. Le temps d'arpenter ce qui m'a semblé être un labyrinthe, je suis arrivée en retard. Très en retard. Parce que, bien sûr bis, *j'étais partie un peu trop tard du bureau et le métro était resté coincé dans un tunnel. C'est donc une Victoire transpirante (comprendre auréolée, dégoulinante et haletante) qui s'est installée en face de ce psychiatre. Magique. "Qu'est-ce qui vous amène ?" Alors, clairement, il n'était pas question de repartir pour un an de thérapie à 80 boules la séance hebdomadaire (remboursée seulement 40, génial). Le programme dans ma tête était simple : j'avais cette opération chirurgicale dans trois semaines, après l'avoir repoussée pendant dix ans. Parce que l'anxiété passait avant la santé, quitte à laisser dégénérer la situation. Donc, à cette question attendue, j'y suis allée* cash. *En quinze minutes, montre en main, je lui ai dressé la liste rigoureuse et organisée de tous mes traumatismes. Ces drôleries de la vie qui ne font rire personne et qui poussent à se couper de son corps au point de développer une phobie de l'acte médical.*

Cet homme, ce "médecin", n'avait jusqu'ici prononcé que sa question initiale. Puis, en guise de conclusion à ma tirade, il a formulé deux phrases. Donc trois au total pour la modique somme de 80 euros. Pas mal.

"Je suis médecin psychiatre, cela signifie que je peux établir des ordonnances. Néanmoins, vous ne m'appellerez pas docteur et je ne vous fournirai jamais aucune ordonnance, même si vous êtes à court d'anxiolytiques."

Trois phrases en une consultation. Oui… mais les deux dernières ont changé ma vie. Avec elles, il a brisé le transfert inconscient que je faisais sur les médecins (à cette époque-là de ma vie, je consultais presque chaque semaine mon généraliste), recherchant auprès d'eux la sécurité dont j'avais dramatiquement manqué. Le temps a passé, la vie a filé et, récemment, j'ai voulu lui téléphoner pour le remercier. Hélas, il est parti en retraite et je n'ai aucun moyen de le contacter. J'ai changé mon prénom pour rédiger ce petit témoignage, mais si par chance il venait à lire ces quelques mots et à se reconnaître : du fond du cœur, merci. »

Et vous, si vous consultez, racontez-nous LA consultation qui a changé votre vie ?

Que sont-ils devenus ?

Comment vont ces personnes qui ont poussé les portes de nos cabinets pour y trouver l'aide dont elles avaient besoin ? Ont-elles survécu à la pression d'une thérapie ou ont-elles fini en jus de citron ? Quoiqu'une limonade avec citron pressé, ça changerait d'une pause-café !

De mon côté, qu'on se le dise, ma position d'interne de psychiatrie est très stimulante et intéressante sur le plan des apprentissages, mais tellement frustrante sur le plan du suivi des patients. Il faut savoir que, pendant l'internat (qui dure désormais cinq ans), nous avons des périodes de stage d'une durée de six mois, et donc nous sommes amenés à changer d'établissement régulièrement. Six mois, c'est court, très court même lorsqu'il s'agit de santé mentale. Six mois, c'est prendre le relais de suivis qui ont été commencés par un collègue précédent, c'est prendre en route une histoire et tenter d'aider du mieux que l'on peut notre patient sur cette nouvelle période. Six mois, c'est aussi un laps de temps dans lequel nous sommes parfois le premier contact avec la psychiatrie, comme pour Ernest, Élodie, Eliot ou encore Adam, et ce sera à nous d'assurer le relais avec le collègue suivant.

Après ces quelques années, j'imagine qu'Élodie a dû bien grandir. Je ne sais pas si elle a poursuivi son rêve d'ouvrir un bar à chats, mais, en tout cas, je reste attentif et, si jamais j'ai vent de la création de l'un de ces établissements dans ma ville, je ne manquerai pas d'aller y faire un tour.

Axel a continué de venir avec sa maman et son papa aux consultations au centre médico-psychologique. Avec le temps, il s'est prudemment autorisé à s'éloigner de sa mère durant les consultations et nous avons même pu faire des séances sans elle, dans lesquelles il a découvert de nouvelles façons d'apprivoiser l'absence de ses parents.

Adam, lui, n'est pas complètement guéri. Lorsque j'ai quitté le service, il persistait encore certains rituels de lavage mais qui étaient bien moins envahissants qu'auparavant. Il cuisinait de nouveau les coquillettes au beurre, pour le plus grand bonheur de sa fille.

Je ne sais pas comment a évolué l'anorexie mentale de Justine. La dernière fois que j'ai eu de ses nouvelles, elle avait repris le chemin du collège, ce qui est une bonne chose car, après tant de temps en hospitalisation, il est parfois difficile de retourner au contact d'autres adolescents à l'école.

Pour Ernest, la phobie de la conduite n'est plus qu'un souvenir ancien, qu'il racontera dorénavant, comme je l'ai fait ici.

Je n'ai jamais revu Madeleine, ni à l'hôpital ni lors d'une garde. J'imagine qu'avec la fin de l'hiver et le début du printemps, elle a pu refleurir, elle qui se sentait si fanée.

Je ne sais pas non plus comment Mathilde a fini sa thérapie, j'espère du plus profond de mon cœur qu'elle aura pu trouver la paix, avancer sur le chemin du deuil et continué de sourire à la vie.

Enfin, après un mois d'hospitalisation, Eliot est sorti de l'hôpital nettement plus apaisé. Les hallucinations avaient disparu, et il prenait du recul sur les idées délirantes qu'il avait présentées. Un diagnostic de schizophrénie a finalement été posé, et c'est avec courage qu'il a commencé un nouveau chapitre de sa vie, celui d'un chemin vers la compréhension de son trouble et de l'acceptation de la maladie.

Vous l'aurez compris, être interne, c'est être de passage. Je ne sais pas si ma présence dans la vie de ces personnes aura eu un quelconque impact. Secrètement, j'ose espérer que oui, j'espère avoir pu apporter de l'aide et du soutien. Un jour viendra, je poserai sans doute sur papier d'autres mémoires. En attendant, je poursuis ma route et pars à la rencontre d'autres personnes, toutes uniques, qui m'apporteront très certainement de nouvelles leçons de vie.

Du côté de mon cabinet, Anna n'est plus jamais revenue après son épisode d'anxiété lié à la Covid-19. Elle m'a, en revanche, envoyé sa meilleure amie pour une tout autre problématique. C'est toujours plaisant de voir que certaines personnes nous recommandent après nous avoir consultée. Je le reçois comme un cadeau de remerciement et, surtout, cela nourrit ma confiance en moi et mes capacités de thérapeute.

Sam et Jessica ne sont plus jamais revenus non plus, même si ils en auraient besoin, mais, comme vous l'a déjà dit Hippolyte, il n'est pas possible de faire autrement que de respecter la temporalité du patient, notamment, dans ces cas précis. C'est toujours un pincement au cœur lorsque des suivis s'arrêtent de façon aussi brutale et parfois même sans aucune explication, voire sans avoir été prévenue. Nous ne pouvons imposer un dernier rendez-vous pour se dire au revoir, même si j'apprécie particulièrement quand ils ont lieu.

Michel, non plus, ne s'est plus manifesté, après l'avoir informé que nous ne pouvions pas poursuivre cette thérapie ensemble. Cela crée une certaine frustration de ne pas avoir pu aller au bout des choses, tout du moins ensemble, mais c'est ainsi.

Nicolas a continué son chemin au cœur du Brésil et notre suivi s'est terminé naturellement, une fois sa problématique résolue. Entre-temps, sa sœur m'avait contactée pour un suivi, mais leur problématique s'entrecroisant et faisant partie de la même famille, je ne pouvais la suivre en même temps. Je l'ai donc orientée vers une consœur de confiance.

Marie-Hélène poursuit sa thérapie à mes côtés. Son burn-out a laissé des traces et c'est avec douceur qu'elle se reconstruit. Notre travail ensemble lui permettra, je l'espère, de ne plus reproduire les mêmes schémas nocifs pour elle et son équilibre intérieur.

Rachel, quant à elle, a un long processus de résilience à traverser. Elle sait que le chemin sera long et parfois sinueux, mais elle sait profondément pourquoi elle continue sa route vers la guérison de ses traumatismes de l'enfance. D'autres souvenirs traumatisants sont remontés au cours de la thérapie (encore !), elle qui en avait déjà vécu assez pour un régiment entier… Mais elle n'abandonne pas. Après une pause durant sa grossesse, nous avons pu à nouveau plonger au cœur de ce qui la hante depuis si longtemps. Elle est heureuse de faire ce travail pour elle et pour ses enfants, pour ne pas leur transmettre le cadeau empoisonné par des liens transgénérationnels fortement ancrés.

Léon a souvent demandé à sa maman de revenir me voir, juste pour me parler. Nous avons beaucoup travaillé en sophrologie pour l'apaiser de ses angoisses et tempêtes émotionnelles. Mais, surtout, Léon me disait souvent que ça lui faisait du bien de me voir, juste de me voir. C'est le fameux effet placebo du thérapeute. Et vous, avez-vous déjà ressenti cela ? Parfois, par le simple fait d'avoir pris rendez-vous, on se sent déjà un peu mieux. C'est étrange, mais… cela fonctionne pour beaucoup.

Alice poursuit aussi sa thérapie et sa quête de soi. Cela n'est pas évident de perdre tous les repères sur lesquels elle s'était construite plus de quarante années durant. Une vie de famille qui vole en éclats, une sexualité qui change complètement, un nouveau monde qui s'offre à elle et tout est chamboulé. Mais, c'est parfois le plus simple : tout chambouler pour mieux reconstruire le château de cartes depuis sa base, sur de nouveaux fondements qui donneront un nouvel élan de vie. L'épanouissement est là, droit devant elle. Tout comme le mien. Tout comme le vôtre.

Conclusion

Nous avons l'espoir que vous avez pris conscience, avec ce livre, que le droit de pousser des portes pour demander de l'aide, vous l'avez, et qu'il n'y a ni honte, ni malaise, ni faiblesse à consulter un thérapeute, psychologue, psychiatre… La vie, parfois, nous invite simplement à nous cueillir et, en thérapie, nous cueillons, récoltons, labourons l'ancien et semons de nouvelles graines. Nous-mêmes, thérapeutes, nous faisons ce travail personnel, comme vous. Prendre soin de soi, de sa santé mentale est aussi primordial que l'hygiène physique à laquelle nous nous attelons chaque jour.

Vous le savez maintenant… Ici, on aime se poser des questions et nous n'allons pas nous arrêter en si bon chemin. Après ce travail d'enquête introspective, et si vous écriviez votre propre conclusion ? Nous vous laissons, courageusement, le mot de la fin.

Qu'avez-vous appris de fondamental
sur vous-même en lisant ce livre ?

Votre thérapie a commencé ici. Quelles raisons
vous inciteraient à aller plus loin
et vous feraient oser une première
consultation ?

Quel est le plus beau message
que vous aimeriez vous livrer à vous-même
après la lecture de ce livre ?

Remerciements

Je remercie mon éditrice, Charlène Guinoiseau, ainsi que les Éditions Jouvence pour la confiance qui nous a été faite pour la réalisation de cet ouvrage.

Je remercie mon coauteur Hippolyte qui a accepté de m'accompagner dans cette superbe aventure qui, au départ, était juste une idée de livre et qui, au fil des mois, est devenu *Comment ça va aujourd'hui ?*, notre livre. Merci pour ta bienveillance et ta posture.

Je remercie chacune des personnes qui osent pousser les portes de mon cabinet pour s'installer en face de moi afin de se livrer. Ces histoires sont inspirées des vôtres. Je vous remercie de me faire grandir, en retour, dans ma pratique de thérapeute.

Je remercie aussi nos communautés respectives qui ont participé à cet ouvrage en nous partageant un bout de leur histoire en thérapie. Bravo aux personnes qui ont été sélectionnées et qui apparaissent dans ce livre !

Je remercie chaque lecteur qui a pris le temps de parcourir ce livre et de le faire vivre, à sa plus juste valeur.

Enfin, je ne pourrais pas terminer sans remercier celle sans qui tout cela n'aurait été possible : la Vie. Merci la Vie pour toutes tes surprises, ta magie, tes rencontres, ton abondance, ta confiance.

Je me joins à Amandine pour remercier Charlène ainsi que toute son équipe.

Je remercie également mes patients, sans qui tous ces récits n'auraient jamais pu voir le jour. La communauté Instagram aussi : merci pour votre soutien quotidien depuis ces quelques années et votre participation à ce projet.

Merci à toi Amandine, de m'avoir proposé ce projet assez fou. Je ne pensais pas en être capable, mais, grâce à nos échanges, tu as su me donner confiance et voilà où cela nous a menés !

Enfin, merci à vous, lecteur, d'avoir pris ce temps pour découvrir nos histoires. J'espère qu'à travers ces quelques chapitres j'ai pu vous montrer que votre santé mentale compte, tout autant que votre santé physique, et que la priorité, c'est de prendre soin de vous.

Bibliographie et numéros utiles

OUVRAGES CONSEILLÉS PAR LA SOPHRO-ANALYSTE

Ancelin Schützenberger Anne, *Aïe, mes aïeux !*, Desclée de Brouwer, 2015.

Aron Elaine N., *Ces gens qui ont peur d'avoir peur. Mieux comprendre l'hypersensibilité*, Les Éditions de l'Homme, 2013.

Jung Carl Gustav, *Psychologie de l'inconscient*, Le Livre de Poche, 1996.

Jung Carl Gustav, *Le Livre rouge*, Sonu Shamdasani (éd.), Les Arènes, 2012.

Salmona Muriel, *Le Livre noir des violences sexuelles*, Dunod, 2019 (2e éd.).

Shapiro Francine, *Dépasser le passé. Se libérer des souvenirs traumatisants avec l'EMDR*, Éditions du Seuil, 2018.

Siaud-Facchin Jeanne, *Trop intelligent pour être heureux ? L'adulte surdoué*, Odile Jacob, 2008.

OUVRAGES CONSEILLÉS PAR LE PSY

Lauveng Arnhild, *Demain j'étais folle. Un voyage en schizophrénie*, Autrement, 2019.
Le Huche Magali, *Nowhere girl*, Dargaud, 2021.
Sauteraud Alain, *Je ne peux pas m'arrêter de laver, vérifier, compter. Mieux vivre avec un TOC*, Odile Jacob, 2002.

Pour consulter en centre médico-psychologique (CMP)
Vous pouvez appeler directement le numéro du CMP le plus proche de chez vous.
Les consultations sont prises en charge, mais les délais pour un premier rendez-vous peuvent parfois être un peu longs, tout cela dépendant bien entendu de l'urgence.

NUMÉROS UTILES

3919 : numéro national d'aide aux femmes victimes de violences
3114 : numéro national de prévention du suicide
119 : Allô Enfance en Danger
114 : numéro d'urgence accessible par SMS
15 : urgences SAMU
17 : Police Secours
18 : sapeurs-pompiers
0805 802 804 : numéro vert « On vous croit ! » pour les victimes d'inceste
0800 05 95 95 : SOS Viols Femmes Informations

Contact et réseaux sociaux

AMANDINE

Adresse : curieuseconscience@gmail.com
Site Internet : www.curieuseconscience.com
Instagram : @curieuseconscience
Facebook : www.facebook.com/curieuseconscience
Auteure : *Résilience, guide d'exploration de conscience*, Éditions Jouvence, 2021

HIPPOLYTE

Adresse : psyandcoffee@gmail.com
Instagram et TikTok : @psyandcoffee

Ça va aller !

Diagnostic, handicap, couple, fratrie, famille, autisme, crises, hypersensibilité

Daisy

Autisme, hypersensibilité, différence... un bijou d'humour et d'émotions, mais surtout d'espoir.

224 p. • 17,90 €

D'Amandine Issaverdens aux Éditions Jouvence :

Résilience : guide d'exploration de Conscience

Entre récit autobiographique et guide d'exploration d'outils thérapeutiques, vous trouverez dans cet ouvrage des expériences, des prises de consciences, mais aussi et surtout, des outils concrets et leurs mises en pratique menant vers une guérison intérieure. Vous êtes capables de surmonter chaque épreuve que la vie a mis sur votre route : tout existe déjà en vous, il suffit d'aller le chercher.

272 p. • 18,90 €

Dépôt légal : janvier 2022
Achevé d'imprimer en décembre 2021
Imprimé en Serbie